D1748178

Peter Faiß | Helmut Kreidenweis

Geschäftsprozessmanagement in sozialen Organisationen

Leitfaden für die Praxis

© Titelbild: fotolia.com

Die Deutsche Nationalbibliothek verzeichnet diese Publikation in
der Deutschen Nationalbibliografie; detaillierte bibliografische
Daten sind im Internet über http://dnb.d-nb.de abrufbar.

ISBN 978-3-8487-0366-1 (Print)
ISBN 978-3-8452-7846-9 (ePDF)

1. Auflage 2016
© Nomos Verlagsgesellschaft, Baden-Baden 2016. Gedruckt in Deutschland. Alle Rechte, auch die des Nachdrucks von Auszügen, der fotomechanischen Wiedergabe und der Übersetzung, vorbehalten. Gedruckt auf alterungsbeständigem Papier.

Vorwort

GPS kennt jeder – das System führt uns heute ganz selbstverständlich sicher, und vor allem günstig und ohne Um- und Irrwege ans Ziel. Vor 20 Jahren hätte man dies noch als Science Fiction bezeichnet. GPM – Geschäftsprozessmanagement – als Konzept und Methode ist zwar keine ferne Zukunftsmusik, derzeit jedoch noch nicht auf breiter Ebene in der Sozialwirtschaft angekommen. Doch die Potenziale sind ganz ähnlich: Im Dschungel der vielen betrieblichen Aufgaben und Arbeitsabläufe kann es eine wertvolle Navigationshilfe sein: Welche Abläufe sind zur Erfüllung unseres Auftrages wirklich wichtig? Wo gilt es, Prozesse wirtschaftlicher zu gestalten? Was bedeutet das für die Anwendungssoftware und welcher Aufwand ist damit verbunden?

Von einzelnen Leuchttürmen abgesehen, verfügt die Sozialwirtschaft über keine Tradition in der Nutzung umfassender Konzepte des Qualitätsmanagements wie EFQM, Six Sigma oder Kaizen. In der ersten Welle wurde Qualitätsmanagement in den 1990er und 2000er Jahren vor allem mit Blick auf die Zertifizierung eingeführt, doch die Akzeptanz und der erlebbare Nutzen einer breit angelegten Dokumentation von Prozessen waren eher gering. Insbesondere das Verhältnis von Dokumentationsaufwand zu wirksamer Optimierung war in vielen Fällen unbefriedigend. In der Folge sind viele Aktivitäten wieder erlahmt. Die Akzeptanz des Qualitätsmanagements ist für viele Unternehmen der Sozialwirtschaft nach wie vor eine Herausforderung.

Würde man von außen auf die Branche blicken, so erschiene es vermutlich als purer Luxus, dass Prozesse dort bislang fast ausschließlich aus Qualitätssicht betrachtet wurden und sich die Beschäftigung mit ihnen weitgehend auf den pädagogisch-pflegerischen Bereich beschränkte. Verwaltungsprozesse oder administrative Anteile in fachlichen Prozessen ließ man dagegen „natürlich" wachsen, nur selten wurden sie einer systematischen Überprüfung unterzogen und auch der Einsatz von Informationstechnologie brachte auf dieser Basis keinen entscheidenden Fortschritt. Lediglich in einzelnen Arbeitsfeldern wie der ambulanten Pflege (hoher wirtschaftlicher Druck) oder den Werkstätten (Lieferanten für industrielle Kunden) wurden Prozesse intensiver analysiert und nach den üblichen mehrdimensionalen Zielperspektiven (Qualität, Zeit und Wirtschaftlichkeit) optimiert.

In vielen Bereichen der gewerblichen Wirtschaft und teilweise auch in öffentlichen Verwaltungen hat das Geschäftsprozessmanagement schon vor Jahren Einzug gehalten. Entsprechend ausgeprägt ist das Angebot an praxisbezogener Literatur. Die Mehrzahl der Werke richtet sich jedoch an Großunternehmen, oftmals speziell des produzierenden Gewerbes. Für den Bereich der personenbezogenen Dienstleistungen ist sie nur bedingt geeignet. In der Sozialwirtschaft fehlen häufig die Ressourcen, um umfassende Projekte des Geschäftsprozessmanagements, wie sie in der Literatur empfohlen werden, umzusetzen. Ebenso hat die IT-Unterstützung der Prozesse vielfach noch keinen mit der Erwerbswirtschaft vergleichbaren Stand erreicht. Insbesondere aber sind vor allem die Leistungsprozesse im Bereich der Sozialwirtschaft anders beschaffen, als in der Produktion und in vielen anderen Dienstleistungsbranchen.

Dieser Praxisleitfaden liefert erstmals eine speziell auf die Sozialwirtschaft zugeschnittene, umfassende Einführung in das Geschäftsprozessmanagement. Er erläutert zentrale Begriffe, Konzepte und Ziele, geht auf den aktuellen Stand in der Branche ein und entwickelt von dort aus ein Set geeigneter Methoden zur praktischen Anwendung. Dieses Methodenset wird eingebettet in einen organisatorischen Rahmen für den erfolgreiche Start und die kontinuierliche Weiterführung. Ein prozessorientierter Blick auf branchenübliche Software-Klassen sowie eine Einführung in prozessunterstützende Funktionen als Basis für die Software-Auswahl runden dieses Buch ab.

Zielgruppen sind vor allem Leitungs- und Fachkräfte von Komplexträgern oder Einrichtungen der Alten-, Jugend- und Behindertenhilfe sowie weiterer Hilfearten der freien Wohlfahrtspflege, von privatwirtschaftlichen und kommunalen Anbietern. Zum adressierten Leserkreis gehören ebenso IT-Verantwortliche und Stabsmitarbeiter im Qualitätsmanagement, im Controlling oder in der Organisationsentwicklung.

Das Buch kann darüber hinaus auch als Quelle für Lehrinhalte, insbesondere im Bereich des Sozial- und Pflegemanagements, dienen und liefert schließlich auch Herstellern branchenspezifischer Software wertvolle Anregungen und Informationen zur verbesserten Ausrichtung ihrer IT-Lösungen und Einführungskonzepte an den Geschäftsprozessen ihrer Kunden aus der Sozialwirtschaft.

Inhaltsverzeichnis

Vorwort 5

1 Was ist Geschäftsprozessmanagement und wozu nutzt es? 13
   1.1 Entwicklungslinien 13
   1.2 Grundlegende Begriffe 15
      1.2.1 Prozess und Geschäftsprozess 15
      1.2.2 Prozessmanagement und Geschäftsprozessmanagement 17
   1.3 Gestaltungsebenen 18
      1.3.1 Strategisches Geschäftsprozessmanagement 18
      1.3.2 Operatives Geschäftsprozessmanagement 19
      1.3.3 Geschäftsprozessmanagement ohne Unternehmensstrategie? 20
      1.3.4 Prozessorientiertes Denken und Unternehmenskultur 20
      1.3.5 Typen von Geschäftsprozessen 21
      1.3.6 Prozesse und teilstrukturierte Aufgaben 22
      1.3.7 Aufbauorganisation und Prozesse 24
   1.4 Wozu nutzt Geschäftsprozessmanagement? 26
      1.4.1 Zielgruppenübergreifende Nutzenaspekte 26
      1.4.2 Nutzen für die eigene Organisation 27
      1.4.3 Nutzen für Klienten, Angehörige und Partner im Sozialraum 28
      1.4.4 Nutzen für Mitarbeiter 28
      1.4.5 Nutzen für Leistungsträger 29

2 Geschäftsprozessmanagement in der Sozialwirtschaft 31
   2.1 Geschäftsprozessmanagement im Spiegel der Fachliteratur 31
   2.2 Geschäftsprozessmanagement in der sozialwirtschaftlichen Praxis 32
   2.3 Unternehmensübergreifende Geschäftsprozesse 36
      2.3.1 Integration Klienten 36
      2.3.2 Integration Leistungsträger 37
      2.3.3 Integration Kooperationspartner 38
   2.4 Qualitätsmanagement und Geschäftsprozessmanagement in der Sozialwirtschaft 38

3 Methoden des Geschäftsprozessmanagements 41
   3.1 Methodenübersicht 41
   3.2 Identifizieren 42
      3.2.1 Prozesskatalog 42
      3.2.2 Prozesslandkarte 44
   3.3 Selektieren und Priorisieren 45
      3.3.1 Strategische Prioritäten 45
      3.3.2 Unterscheidungsmerkmale 45
      3.3.3 Praktische Instrumente 47
   3.4 Modellieren 49

	3.4.1	Methoden-Übersicht Modellierung	51
	3.4.2	Flowchart-Diagramme	52
	3.4.3	Flowchart-Varianten in der Praxis	58
	3.4.4	Klassiker: Das RACI-Diagramm	62
	3.4.5	Tabellarische Prozessdokumentation	63
	3.4.6	Modellierungswerkzeuge	64
3.5	Optimieren		66
	3.5.1	Optimierungsziele und -anlässe	66
	3.5.2	Verschwendungssuche	68
	3.5.3	Methodenübersicht zur Prozessoptimierung	69
	3.5.4	Prozessglättung	71
	3.5.5	Prozessoptimierung und IT-Einsatz	75
	3.5.6	Bezug zu Stellen und Aufbauorganisation	78
	3.5.7	Wirkungen, Nebenwirkungen und Optimierungskonflikte	79

4 Organisation des Geschäftsprozessmanagements 81

    4.1 Organisatorische Herausforderungen 81
    4.2 Projekte des Geschäftsprozessmanagements 81
        4.2.1 GPM-Projekte mit bestehenden IT-Anwendungssystemen 81
        4.2.2 Prozessoptimierung und Neuausrichtung der IT-Anwendungssysteme 82
    4.3 GPM-Organisation im Unternehmen 85
        4.3.1 Prozess- und Liniensicht 85
        4.3.2 Prozesscontrolling 87

5 Prozessunterstützung mit IT 91

    5.1 Entwicklung und Bedeutung 91
    5.2 Merkmale prozessunterstützender Software 93
        5.2.1 Customizing-Fähigkeit 93
        5.2.2 Trigger 93
        5.2.3 Der Prozess als Objekt 94
        5.2.4 Konkrete Funktionstypen 95
    5.3 Prozessorientierung in den wesentlichen Softwaregattungen 99
        5.3.1 Fachliche IT-Anwendungssysteme 99
        5.3.2 Verwaltungssysteme 99
        5.3.3 Dokumentenmanagementsysteme 100
        5.3.4 Workflowmanagementsysteme 101

6 Ausblick 105

Autoren 107

Abbildungsverzeichnis

Abbildung 1:	Integration des revolutionären und des evolutionären Modells der Prozessgestaltung in Unternehmen. Quelle: Österle 1995, S. 23	14
Abbildung 2:	Zusammenhang von Unternehmensstrategie, strategischem und operativem Geschäftsprozessmanagement	20
Abbildung 3:	Typisierungsübersicht für Geschäftsprozesse, angelehnt an Schmelzer / Sesselmann, S. 78	21
Abbildung 4:	Grundlegende Typen von Geschäftsprozessen mit Beispielen aus einer sozialen Organisation	22
Abbildung 5:	Die sich ergänzenden Sichten von Aufbau- und Prozessorganisation	25
Abbildung 6:	Das „magische Dreieck" des Geschäftsprozessmanagements	27
Abbildung 7:	Organisatorische Definition von Prozessen, Quelle: Kreidenweis / Halfar 2014, S. 17	33
Abbildung 8:	Abbildung der Prozesse in Software, Quelle: Kreidenweis / Halfar 2014, S. 18	34
Abbildung 9:	Diskrepanz zwischen Bedeutung der IT und Erreichung von Zielen mit IT, Quelle: Kreidenweis / Halfar 2014, S. 16	34
Abbildung 10:	Effizienzpotenziale der Prozessoptimierung, die in einem Projekt bei einem Träger der Behindertenhilfe ermittelt wurden	36
Abbildung 11:	Übersicht über die Schritte und Methoden des Geschäftsprozessmanagements	41
Abbildung 12:	Beispiel eines Prozesskataloges aus einer ersten Sammlung	43
Abbildung 13:	Referenz-Prozesslandkarte für die Sozialwirtschaft	44
Abbildung 14:	Das CMMI-Reifegradmodell in eigener Übersetzung und Interpretation	46
Abbildung 15:	Kriterien zur Selektion und Priorisierung von Prozessen	47

Abbildungsverzeichnis

Abbildung 16:	Stufen zur Priorisierung von Prozessen	48
Abbildung 17:	Beispiel einer Priorisierung von Prozessen	49
Abbildung 18:	Übersicht zu Modellierungsmethoden	52
Abbildung 19:	Beispiel eines Flowcharts	53
Abbildung 20:	Symbolbibliothek für Flowcharts	54
Abbildung 21:	Erläuterung und Beispiele zur Symbolbibliothek für Flowcharts aus Abbildung 20	55
Abbildung 22:	Schrittfolge bei der Prozess-Erhebung	56
Abbildung 23:	Schwimmbahn- oder Swimlane-Diagramm horizontal	59
Abbildung 24:	Kombidiagramm mit Schwimmbahnen und optimierungsrelevanten Zusatzinformationen	61
Abbildung 25:	Beispiel eines RACI-Diagramms	63
Abbildung 26:	Beispiel einer tabellarische Prozessdokumentation	64
Abbildung 27:	Standard-Symbolpalette in Microsoft Office 2010	65
Abbildung 28:	Übersicht zu Zielen der Prozessoptimierung	67
Abbildung 29:	Übersicht und Beispiele von Verschwendungsarten	69
Abbildung 30:	Methodenübersicht zur Prozessoptimierung	70
Abbildung 31:	Standard-Optimierungsmöglichkeiten bei der Prozessglättung	72
Abbildung 32:	Beispiel einer Prozessmodellierung im Ist-Zustand	74
Abbildung 33:	Beispiel nach einer Prozessglättung im Soll-Zustand	75
Abbildung 34:	Beispiel einer Ableitung von Software-Anforderungen aus dem geglätteten Soll-Prozess	78
Abbildung 35:	Typische Phasen von GPM-Projekten mit bestehenden IT-Anwendungssystemen	82

Abbildungsverzeichnis

Abbildung 36: Typische Phasen von GPM-Projekten mit Neuausrichtung der IT-Anwendungssysteme 84

Abbildung 37: Vorteile und Chancen, Nachteile und Risiken verschiedener Varianten der organisatorischen Gestaltung von Verantwortung für das Geschäftsprozessmanagement 87

Abbildung 38: Nutzensdimensionen der Prozessoptimierung 88

Abbildung 39: Beispielhaftes Software-Portfolio eines Komplexträgers der Sozialwirtschaft 92

Abbildung 40: Beispiel-Darstellung des Prozesses als Objekt in Verbindung mit dem klassischen Klienten-Datensatz 95

Abbildung 41: Prozessunterstützende Funktionen von Branchen- und Standardsoftware 98

Abbildung 42: Prozessunterstützende Funktionen von Workflowmanagement-Systemen 102

1 Was ist Geschäftsprozessmanagement und wozu nutzt es?

1.1 Entwicklungslinien

Bereits in den 30er Jahren des 20. Jahrhunderts formulierte der Organisationstheoretiker Fritz Nordsiek die Idee, Aufgaben von Unternehmen in Prozesse zu gliedern: „Der Betrieb ist in Wirklichkeit ein fortwährender Prozess, eine ununterbrochene Leistungskette." (zit. nach Becker / Kahn 2012, S. 5) Dennoch beschäftigte sich die Betriebswirtschaftslehre lange Zeit vor allem mit der Gestaltung der Aufbauorganisation, also der funktionalen Differenzierung in Unternehmen in Geschäftsfelder und Abteilungen.

Mit wachsender Komplexität und Internationalität der Geschäftsmodelle, immer schnelleren Produktlebenszyklen und verschärftem Wettbewerb stieß dieses Konzept jedoch mehr und mehr an seine Grenzen. In den 80er Jahren entstanden daher erste Ansätze, sich intensiver mit den Abläufen in den Unternehmen auseinanderzusetzen. In Deutschland setzten vor allem Michael Gaitanides (1983) und August-Wilhelm Scheer (1987) wichtige Marksteine.

Der Ablauforganisation wurde erstmals ein Vorrang vor der Aufbauorganisation zugesprochen: die Prozesse sind das bestimmende Element, nach dem sich die betrieblichen Funktionen ausrichten sollen. Schon damals wurden zwei unterschiedliche Perspektiven auf das Themenfeld sichtbar, die bis heute die Theorie- und Praxisentwicklungen prägen: Ein betriebswirtschaftlicher Blick auf die Geschäftsprozesse, der sich ausgehend von den Unternehmenszielen eine Gestaltung aller wichtigen Abläufe zur Aufgabe macht, sowie ein wirtschaftsinformatischer Ansatz, der die Möglichkeiten der Informationstechnologie zur Steigerung von Effizienz und Effektivität in den Mittelpunkt rückt oder als gleichbedeutend zu den betriebswirtschaftlichen Ansätzen betrachtet.

In den USA wurde in den 90er Jahren der radikale Ansatz des **Business-Reengineering** (Hammer / Champy 1994) entwickelt, der eine durchgreifende Neuausrichtung des Unternehmens an seinen Kernprozessen propagiert. Dies umfasste auch die Empfehlung, Prozesse außerhalb der Kernprozesse extern zu vergeben, wie z.B. die Verwaltungsprozesse. Auch hier gab es wiederum stark durch Informationstechnologie getriebene Ansätze der radikalen Prozessinnovation (etwa Davenport 1993). Diese radikalen Modelle konnten sich trotz anfänglicher Euphorie letzlich nicht durchsetzen. Die Implementierung der am Reißbrett entwickelten Prozessmodelle scheiterte nicht selten an mangelnder Akzeptanz und Praktikabilität, die Unternehmen waren häufig überfordert. Dennoch blieb die Erkenntnis, dass ein konsequenter Einsatz von IT, der die Effizienzpotenziale der Technik ausschöpft, in vielen Fällen auch eine Neu- oder Umgestaltung von Prozessen erfordert.

In der Folge entwickelten sich Konzepte der **Geschäftsprozessoptimierung**, die eine schrittweise Verbesserung der Abläufe in den Unternehmen verfolgten. Vielfach war dabei die Informationstechnologie in Form von ERP- oder Workflowmanagement-Systemen (s. Kapitel 5) bereits ein zentraler Bestandteil der Vorgehensmodelle (etwa Möbus 1999).

1 Was ist Geschäftsprozessmanagement und wozu nutzt es?

Einen ersten integrativen Ansatz aus revolutionären und evolutionären Konzepten stellte Hubert Österle 1995 vor. Ebenso versuchte er, den betriebswirtschaftlichen und den wirtschaftsinformatischen Ansatz zu integrieren.

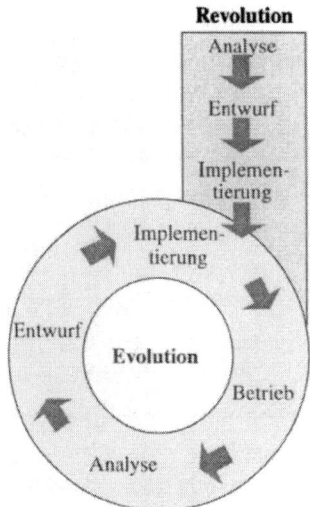

Abbildung 1: Integration des revolutionären und des evolutionären Modells der Prozessgestaltung in Unternehmen. Quelle: Österle 1995, S. 23

Die Mehrzahl der aktuellen Konzepte (etwa Schmelzer / Sesselmann 2010, Becker / Kugeler / Rosemann 2012) überwinden die Gegensätze zwischen radikalen und evolutionären Ansätzen, in dem sie das Geschäftsprozessmanagement als eine der zentralen Methoden der Unternehmensführung definieren und seine Einführung wie die betriebsinterne Weiterentwicklung integrieren. In der Einführungsphase wird dabei auf eine organisatorische und kulturelle Verankerung im Unternehmen Wert gelegt, Prozesse werden je nach Anforderung schrittweise verbessert oder neu gestaltet.

Die konkreten Inhalte leiten sich in diesen Konzepten aus der Unternehmensstrategie ab, die dem Geschäftsprozessmanagement übergeordnet ist. „Die IT stellt in dem so definierten Geschäftsprozessmanagement eine wichtige unterstützende Komponente dar, die starken Einfluss auf die Effizienz der Geschäftsprozesse ausüben kann. Sie steht jedoch nicht im Mittelpunkt des Systems" (Schmelzer / Sesselmann 2010, S. 6). Neuere wirtschaftsinformatische Publikationen fokussieren dagegen stark die methodische Ebene der Prozessgestaltung und verknüpfen diese zum einen mit IT-gestützten Werkzeugen zur Prozessmodellierung und –simulation, zum anderen mit Software-Lösungen zur Abbildung der Prozesse wie Workflowmanagement- oder ERP-Systemen (etwa Gadatsch 2012).

1.2 Grundlegende Begriffe

Die im vorigen Abschnitt skizzierten Entwicklungslinien lassen bereits erkennen, dass das Geschäftsprozessmanagement sehr unterschiedliche inhaltliche Schwerpunktsetzungen durchlaufen hat und entsprechend vielfältig definiert werden kann. Eine Begriffsklärung zum Einstieg in die Materie erscheint daher sinnvoll.

1.2.1 Prozess und Geschäftsprozess

Ausgangspunkt aller Definitionen ist zunächst der Prozess-Begriff: Ein Prozess kann sehr allgemein als ein „System von Bewegungen" (http://de.wikipedia.org/wiki/Prozess, 11.01.2016) bezeichnet werden, die sprachliche Wurzel liegt im lateinischen „procedere", was vorwärtsgehen oder vorrücken bedeutet. Etwas konkreter gefasst wird in einem Prozess ein Input in einer Folge von Schritten oder Aktivitäten in einen Output transformiert. Mit dieser Definition können etwa auch Prozesse in der Justiz, der Informatik oder Chemie abstrakt beschrieben werden.

Im betriebswirtschaftlichen Kontext wird der Prozess-Begriff oft als ein „Bündel von Aktivitäten" (Greiling / Marschner 2007, S. 61) definiert, die in einer zeitlichen, sachlogisch und räumlich gegliederten Abfolge bearbeitet werden. Sesselmann/Schmelzer (2010), S. 62 f merken an, dass „in diesem Sinne Hunderte oder Tausende von Prozessen in einem Unternehmen" ablaufen, in denen Teilaufgaben bearbeitet und Teilergebnisse erzeugt werden.

Ein Prozess wird in ihrer Definition erst dann zu einem Geschäftsprozess, wenn die darin enthaltenen Aktivitäten funktions- und organisationsüberschreitend verknüpft sind und als wertschöpfend charakterisiert werden können. Hanschke und Lorenz (2012, S. 9) fügen dem noch die Kundenperspektive hinzu: Geschäftsprozesse „werden durch ein Kundenbedürfnis initiiert und erstrecken sich über alle erforderlichen Aktivitäten bis zur Befriedigung des Kundenbedürfnisses." Der Kundenbegriff ist dabei weit gefasst und umfasst auch interne Kunden im Unternehmen wie etwa andere Abteilungen oder Mitarbeiter.

Becker u.a. definieren den Begriff des Geschäftsprozesses dagegen aus unternehmensstrategischer Sicht: „Ein Geschäftsprozess ist ein spezieller Prozess, der der Erfüllung der obersten Ziele der Unternehmung (Geschäftsziele) dient und das zentrale Geschäftsfeld beschreibt" (Becker / Kahn 2012, S. 6 f). Hier wird der Geschäftsprozess also auf einer betrieblichen Makro-Ebene angesiedelt, während der „einfache" Prozess eher die Mikro-Ebene der konkreten Abläufe adressiert. Gadatsch (2012, S. 29) wiederum nimmt eher einen operativen Blickwinkel ein und nennt die Nutzung von Kommunikations- und Informationstechnologien als ein konstituierendes Merkmal von Geschäftsprozessen.

Fischer u.a. (2006, S. 5) weisen schließlich darauf hin, dass verschiedene Branchen ganz unterschiedliche Auffassungen von Prozessen haben können. Dieser Auffassung schließen wir uns an und definieren für die Zwecke dieses Bandes in folgender Weise:

1 Was ist Geschäftsprozessmanagement und wozu nutzt es?

> **Definition**
>
> Unter einem **Geschäftsprozess** wird eine zeitlich, räumlich und sachlogisch gegliederte Abfolge von Arbeitsschritten in einer Organisation oder zwischen Organisationen verstanden, an der mehrere Personen oder Bereiche beteiligt sind. Er leistet einen Beitrag zur Wertschöpfung und ist auf die Befriedigung externer oder interner Kundenbedürfnisse gerichtet. Der Detaillierungsgrad der Betrachtung richtet sich dabei nach dem jeweiligen Nutzungsinteresse.

Der Begriff des Prozesses soll in diesem Buch nicht scharf von dem des Geschäftsprozesses getrennt werden, beide Begriffe werden – wie in vielen der oben genannten Publikationen – synonym benutzt.

Im sozialwirtschaftlichen Kontext ist der Kundenbegriff freilich umstritten. Kundenorientierung meint hier die Ausrichtung der wertschöpfenden Leistungen an den Bedürfnissen der Klienten, Angehörigen, Betreuer sowie der Leistungsträger. Aus betriebswirtschaftlicher Sicht wird die Wertschöpfung in monetären Größen gemessen. Der Wertschöpfungsbeitrag von Prozessen der Betreuung, Beratung oder Pflege kann bislang auf diese Weise noch nicht zielgenau ermittelt werden, auch wenn es bereits erste Ansätze dafür gibt (etwa Halfar / Wagner 2013).

Die Wertschöpfung im Kontext des Prozessmanagements orientiert sich weniger an volkswirtschaftlichen Wertschöpfungsbegriffen (Mehrwert in der Produktionskette), sondern fokussiert die vom Kunden wahrgenommene Bedürfnisbefriedigung. In diesem Sinne nicht wertschöpfende Leistungen können überflüssige Prozesse (s. Abschnitt 3.5.4) oder notwendige Prozesse sein. Notwendige, aber vom Kunden nicht als wertschöpfend wahrnehmbare Prozesse sind viele Verwaltungs- und Managementprozesse sowie Prozesse zur Erfüllung gesetzlicher Anforderungen. Für überflüssige und nicht wertschöpfende Geschäftsprozesse nutzt das Prozessmanagement in klarer Sprache den Begriff „Verschwendung" – in der Sozialwirtschaft ist dieser Sprachgebrauch freilich noch ungewohnt.

> **Definition**
>
> **Wertschöpfende Geschäftsprozesse** führen zu einer von den Kunden wahrnehmbaren Bedürfnisbefriedigung. Nicht wertschöpfende, aber notwendige Geschäftsprozesse sind auf möglichst wirtschaftliche Art zu erbringen. Nicht wertschöpfende und überflüssige Geschäftsprozesse werden abgebaut.

Insbesondere in wirtschaftsinformatisch orientierten Publikationen wird neben Geschäftsprozessen häufig auch von Workflows gesprochen. Hierunter wird zumeist ein formal beschriebener, ganz oder teilweise automatisierter Geschäftsprozess verstanden (Gadatsch 2012, S. 33), dessen Detaillierungsgrad bis auf die Mikro-Ebene der einzelnen Aktivitäten reicht. Oft findet er im Kontext der Implementation von Workflow-Management-Systemen (s. Abschnitt 5.3.4) Verwendung.

Im Kerngeschäft der Sozialwirtschaft wird die IT-basierte Unterstützung von Geschäftsprozessen wie Betreuung, Pflege, Beratung nahezu ausschließlich in fachlichen

IT-Anwendungssystemen umgesetzt – Klientenverwaltung und -abrechnung, Hilfeplanung und -dokumentation etc. Die Prozessunterstützung über organisationsspezifisch konfigurierte Workflowmanagementsysteme ist in der Sozialwirtschaft weitgehend unüblich.

1.2.2 Prozessmanagement und Geschäftsprozessmanagement

Gibt es schon beim Begriffspaar Prozess und Geschäftsprozess keine eindeutigen Trennlinien, so verwischen diese endgültig, wenn das „Management" hinzukommt. Abzulesen ist dies schon an den Titeln gängiger Standardwerke, die mal den einen und mal den anderen Begriff nutzen, ohne dass dabei eine klare Zuordnung zu einem der im Abschnitt 1.1 genannten Konzepte erkennbar wäre (etwa Schmelzer / Sesselmann 2010, Gadatsch 2012, Becker / Kugeler / Rosemann 2012, Senden / Dworschak 2012).

Beim Prozessbegriff haben sich bereits unterschiedlichen Fokussierungen auf die Makro- oder Mikro-Ebene gezeigt. Kommt nun die Tätigkeit des „Managens" hinzu, liegt es nahe, diese auf der strategischen Ebene zu verorten, denn sie wird vor allem mit Planung, Organisation, Führung und Kontrolle in Verbindung gebracht (vgl. etwa Gabler Wirtschaftslexikon, Stichwort: Management, http://wirtschaftslexikon.gabler.de/ Archiv/55279/management-v 9.html, 11.01.2016).

Schmelzer und Sesselmann (2010, S. 6) verorten das Geschäftsprozessmanagement dementsprechend auf der strategischen Ebene, wenn sie es beschreiben als „integriertes System aus Führung, Organisation und Controlling, das eine zielgerichtete Steuerung der Geschäftsprozesse ermöglicht."

Hanschke und Lorenz (2012, S. 13ff) unterscheiden explizit zwischen einem strategischen und einem operativen Prozessmanagement. Dabei definiert die strategische Komponente die Geschäftsprozesse des Unternehmens und identifiziert Anforderungen an die Geschäftsprozesse aus der Unternehmensstrategie. Ebenso legt es die dafür erforderlichen Maßnahmen fest und kontrolliert deren Umsetzung.

Das operative Prozessmanagement „modelliert, analysiert, gestaltet und misst die Prozesse (…). Es treibt die kontinuierliche Prozessverbesserung und verantwortet das Change Management für seine Prozesse" (a.a.O. S. 15).

Die operative Ebene des Geschäftsprozessmanagements wird von manchen Autoren auch als Workflowmanagement bezeichnet. Während in diesen Konzepten das Geschäftsprozessmanagement als fachlich-konzeptionelle Ebene unmittelbar an die Unternehmensstrategie anschließt und den Ansatz im Unternehmen verankert, stellt das Workflowmanagement dort die operative Ebene dar, die sich um die konkrete Gestaltung von Arbeitsabläufen kümmert (vgl. Gadatsch 2012, S. 2).

Dies ist bei stark IT-basierten Geschäftsmodellen sicherlich naheliegend. Die Sozialwirtschaft leistet ihr Kerngeschäft nach wie vor direkt am und mit dem Klienten („Face-to-face" bzw. „Ear-to-ear"). Der Begriff des Workflowmanagements wird deshalb in der Sozialwirtschaft eher selten gebraucht und wird auch in diesem Band deshalb nicht benutzt.

1 Was ist Geschäftsprozessmanagement und wozu nutzt es?

> **Definition**
>
> **Geschäftsprozessmanagement (GPM)** beschäftigt sich mit der Identifikation, Modellierung, Analyse, Optimierung, Implementierung und Steuerung von Geschäftsprozessen in Organisationen.

In weiten Bereichen der Sozialwirtschaft kann heute noch nicht von einer entwickelten Geschäftsprozessmanagement-Kultur im oben genannten Sinne ausgegangen werden. Dies betrifft insbesondere das strategische Geschäftsprozessmanagement. Daher erscheint es im Kontext dieses Praxisleitfadens als sinnvoll, das Geschäftsprozessmanagement zunächst über seine zentralen Aufgaben zu definieren und die Voraussetzungen für seine erfolgreiche Realisierung zu benennen. Aktuellen Entwicklungen in der Betriebswirtschaft wie in der Wirtschaftsinformatik folgend und ausgehend von unseren Praxiserfahrungen, sehen wir die Informationstechnologie dabei als wesentlichen Bestandteil oder sogar pragmatischen Treiber dieses Konzeptes.

1.3 Gestaltungsebenen

1.3.1 Strategisches Geschäftsprozessmanagement

Nahezu einhellig geht die Fachliteratur davon aus, dass eine Unternehmensstrategie den notwendigen Ordnungsrahmen für das Geschäftsprozessmanagement bildet (etwa Becker / Kahn 2012, S. 113ff, Schmelzer / Sesselmann 2010, S. 96ff, Hanschke / Lorenz 2012, S. 49f). Während Leitbilder oder Visionen die grundlegenden Werte und das Selbstverständnis des Unternehmens als Idealbild zeichnen, bestimmt die Unternehmensstrategie die Positionierung am Markt, die sich daraus ergebenden Geschäftsfelder und Geschäftseinheiten. Hierfür werden konkrete Ziele definiert und Verfahren wie die Balanced Scorecard (Kaplan / Norton / Horvath 1997) machen den Grad der strategischen Zielerreichung messbar. Typisch für die strategische Ebene ist die Kombination der externen Sicht auf die Bedarfsentwicklung (Kunden – Klienten, Leistungsträger etc.) und Konkurrenzaktivitäten (Prozessleistung im Marktvergleich, Differenzierung durch attraktive Prozessgestaltung) mit der Gestaltung der internen Rahmenbedingungen.

Aus der Unternehmensstrategie leiten sich nach diesen Konzepten auch die zentralen Prozesse des Unternehmens in den jeweiligen Geschäftsfeldern und deren Zielsetzungen ab. Der Fall, dass keine eindeutig definierte Unternehmensstrategie existiert, kommt in den entsprechenden Theorien nicht vor.

Andere Ansätze (etwa Schmelzer / Sesselmann 2010, S. 88ff) billigen zu, dass die strategische Ausrichtung des Geschäftsprozessmanagements auch in der gewerblichen Wirtschaft noch nicht die Regel ist und weisen dem strategischen Geschäftsprozessmanagement auch Aufgaben zu, welche die Voraussetzungen für eine kontinuierliche Verbesserung der Prozesse schaffen. Dazu gehört,

- eine Prozesskultur zu schaffen und die Mitarbeiter zu prozessorientiertem Denken und Handeln zu motivieren (strategische Prozessführung)

- Strukturen und Rollen zu etablieren, die das Geschäftsprozessmanagement im Unternehmen verankern und tragen (strategische Prozessorganisation)
- Ziele und Verantwortlichkeiten zu definieren, die eine laufende Steuerung der Prozesse im Unternehmen gewährleisten (strategisches Prozesscontrolling)

Diese aufgabenorientierte Sichtweise erweist sich auch für sozialwirtschaftliche Organisationen als fruchtbar, in denen die oben genannten Grundlagen häufig noch geschaffen werden müssen.

Zu den klassischen Fragen des strategischen Geschäftsprozessmanagements gehören auch die Organisation der Weiterentwicklung von Geschäftsprozessen und der sie unterstützender IT-Lösungen.

Definition

> Das **strategische Geschäftsprozessmanagement** leitet aus der Unternehmensstrategie die Prioritäten für die Prozessoptimierung ab und gestaltet die kulturellen, strukturellen und personellen Voraussetzungen im Unternehmen.

1.3.2 Operatives Geschäftsprozessmanagement

Das operative Geschäftsprozessmanagement gestaltet mit Hilfe verschiedener Methoden (vgl. Kapitel 5) auf der Ebene der einzelnen Geschäftsprozesse. Es identifiziert die Prozesse mit Optimierungspotenzial, modelliert und optimiert sie, führt sie ein und gestaltet die laufende Prozesssteuerung. Ebenso kümmert es sich um die wechselseitige Anpassung von Prozessen und IT-Systemen und überprüft den Erfolg der ergriffenen Maßnahmen.

Definition

> Im **operativen Geschäftsprozessmanagement** sind die methodengestützte Identifikation, Modellierung, Analyse, (IT-gestützte) Optimierung sowie das Controlling von Prozessen angesiedelt.

In der Praxis ist es grundsätzlich auch möglich, etwa anlässlich eines Software-Auswahlprojektes (vgl. Abschnitt 4.2.2), zunächst auf der operativen Ebene zu beginnen. Die oben benannten strategischen Aufgaben zur Verankerung des Geschäftsprozessmanagements im Unternehmen dürfen dabei jedoch nicht aus dem Auge verloren werden, da sonst keine Nachhaltigkeit in den Wirkungen dieser Methode erreicht werden kann (vgl. Abschnitt 1.3.4).

1 Was ist Geschäftsprozessmanagement und wozu nutzt es?

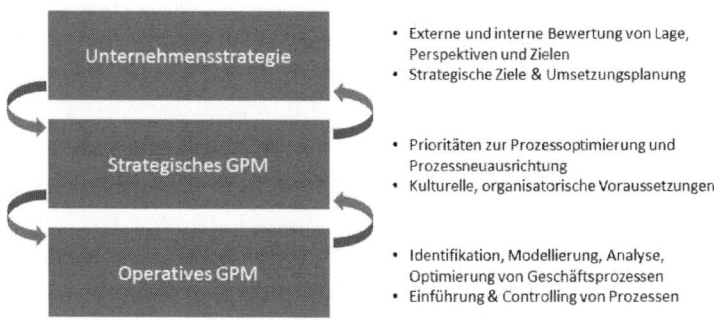

Abbildung 2: Zusammenhang von Unternehmensstrategie, strategischem und operativem Geschäftsprozessmanagement

1.3.3 Geschäftsprozessmanagement ohne Unternehmensstrategie?

Viele sozialwirtschaftliche Organisationen verfügen zwar über Leitbilder, Unternehmensstrategien im oben genannten Sinne sind in der Branche jedoch noch nicht die Regel. Die Entwicklungen in vielen Geschäftsfeldern der Branche sind neben marktwirtschaftlichen Elementen stark durch wechselnde politische Entscheidungen getrieben, die es aus Sicht von Führungskräften oft schwer machen, eine konsistente Strategie zu formulieren. Unabhängig davon gibt es jedoch auch Gestaltungsebenen, die nicht oder nicht unmittelbar solchen externen Einflüssen unterliegen. Dazu gehört insbesondere die Gestaltung der Aufbau- und Ablauforganisation oder die Ausstattung der Führungsebenen mit spezifischem Knowhow zur Weiterentwicklung ihrer Verantwortungsbereiche.

Für das Geschäftsprozessmanagement ohne formulierte Unternehmensstrategie gilt: Es optimiert Geschäftsprozesse im jeweils aktuellen Unternehmenskontext und kann somit nutzenstiftend wirken. Der Rahmen für eine umfassendere und zielgerichtete Neugestaltung von Geschäftsprozessen im Sinne von überbetrieblicher Prozesssteuerung, IT-basiertem Abruf von Leistungen oder etwa Prozessen im dezentralen mobilen Arbeiten ist dann nicht gegeben. Solche innovativen Ansätze sind ohne einen strategischen Fokus zumeist außer Reichweite.

1.3.4 Prozessorientiertes Denken und Unternehmenskultur

Eine prozessorientierte Kultur zur Ergänzung von Aufbauorganisation und funktionalem Denken kann zwar mit großen Lettern in eine Unternehmensstrategie eingemeißelt werden, es gilt aber auch hier: „Es gibt nichts Gutes, außer man tut es!".

Im Tun kristallisieren sich gleichzeitig auch Personen heraus, die dazu bereit sind, Verantwortung für Prozesse übernehmen, Ziele zu definieren und deren Erreichung zu prüfen.

Der Unternehmensführung kommt dabei vor allem die Funktion des Impulsgebers und Förderers zu, welcher auch die notwendigen Ressourcen an Zeit, IT-Unterstützung oder externem Knowhow bereitstellt und die dabei unterstützt, die entstehenden Strukturen zu festigen und zu etablieren.

Ziel ist **eine prozessbewusste Organisation,** die dazu in der Lage ist, Anlässe für die Neugestaltung oder Optimierung von Prozessen wie die Dezentralisierung von Diensten oder Verantwortlichkeiten, die Einführung neuer Fachsoftware oder die Konzeption neuer Leistungsangebote aktiv aufzugreifen. Die Sensibilität und das Wissen dafür sind in solchen Organisationen vorhanden oder es kann bei Bedarf auf entsprechende Ressourcen zurückgegriffen werden. Es geht also nicht unbedingt darum, neue Stellen im „Verwaltungsoverhead" einer Organisation zu schaffen, sondern Knowhow an den richtigen Stellen zu verankern und Aktivitäten zielgerichtet auszulösen. Im Mittelpunkt steht dabei immer das Anliegen, die Wertschöpfung der Prozesse zum Nutzen der externen oder internen Kunden zu steigern. Diese Perspektive beschränkt sich bewusst auf die Prozesssicht, da umfassendere Ansätze aus dem industriellen Bereich wie etwa Kaizen oder Six Sigma (vgl. etwa Schmelzer / Sesselmann, S. 384ff) in der Sozialwirtschaft noch wenig Akzeptanz gefunden haben.

1.3.5 Typen von Geschäftsprozessen

In der GPM-Literatur hat sich eine Vielzahl von Definitionen und Abgrenzung der Typen von Geschäftsprozessen entwickelt. Im Gesundheitswesen etwa hat die Einteilung nach Primärprozessen (direkte Patientenbehandlung), Sekundärprozessen (direkt die Patientenbehandlung unterstützend wie Labor) und Tertiärprozessen (indirekt unterstützend wie Sterilisation, Reinigung) Akzeptanz gefunden (vgl. Friesdorf / Marsolek / Göbel 2002).

In der folgenden Abbildung sind Typisierungen aus unterschiedlichen Branchen und Autoren zusammengefasst.

EFQM	Fischermanns	IDS Scheer	Schulte-Zurhausen	Ahlrichs/Knuppertz	Schmelzer/Sesselmann
Management Processes	Führungsprozesse	Führungsprozesse	Managementprozesse	Managementprozesse	Primäre Geschäftsprozesse
Operating Processes	Ausführungsprozesse	Kernprozesse	Operative Primärprozesse	Leistungsprozesse	
Support Processes	Unterstützungsprozesse	Unterstützungsprozesse	Operative Sekundärprozesse	Unterstützungsprozesse	Sekundäre Geschäftsprozesse

Abbildung 3: Typisierungsübersicht für Geschäftsprozesse, angelehnt an Schmelzer / Sesselmann, S. 78

In der Sozialwirtschaft wird verbreitet die aus dem Qualitätsmanagement geprägte Gliederung in die Gestaltungsebenen der Kern- oder Leistungsprozesse, Unterstützungsprozesse und Managementprozesse übernommen:

1 Was ist Geschäftsprozessmanagement und wozu nutzt es?

- Die **Kern- oder Leistungsprozesse** sind maßgeblich für die Wertschöpfung einer Organisation, also die Herstellung eines Produktes oder die Erbringung einer Dienstleistung verantwortlich. In sozialen Organisationen gehören dazu alle Tätigkeiten der direkten Betreuung, Beratung oder Pflege von Menschen sowie deren inhaltliche Planung.
- **Unterstützungsprozesse** sind unternehmensinterne Dienstleistungen, die der Aufrechterhaltung der Kernprozesse dienen. Von ihrer Qualität hängt daher die Effizienz und Qualität vieler Kernprozesse in hohem Maße ab. Beispiele für Unterstützungsprozesse sind Dienstplanung, Leistungsdokumentation und -abrechnung, Finanzbuchhaltung oder Personalverwaltung.
- Die **Managementprozesse** beschreiben zentrale Leitungsaufgaben, wie etwa die Personalplanung und -entwicklung, die Finanz- oder Haushaltsplanung oder die Entwicklung und Fortschreibung einer Unternehmensstrategie.

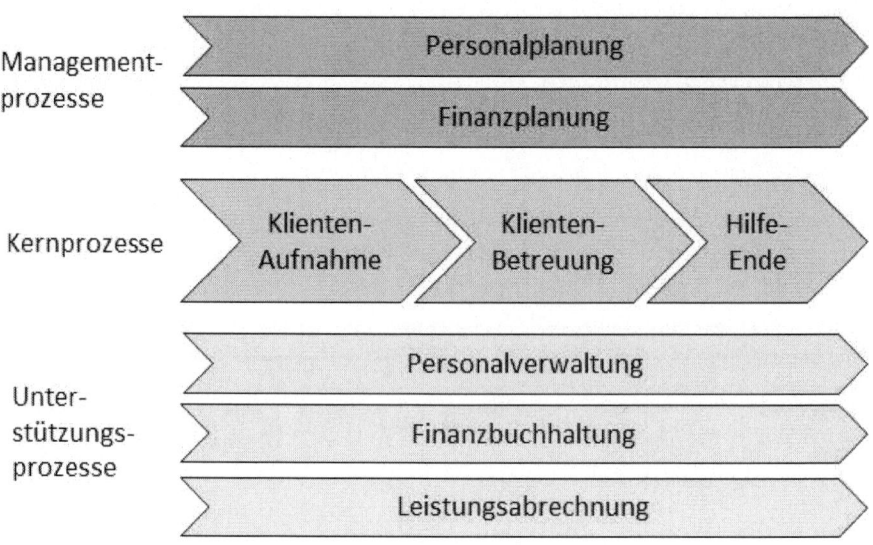

Abbildung 4: Grundlegende Typen von Geschäftsprozessen mit Beispielen aus einer sozialen Organisation

1.3.6 Prozesse und teilstrukturierte Aufgaben

Das Geschäftsprozessmanagement entfaltet seine Stärken vor allem im Bereich der stark standardisierten oder standardisierbaren Abläufe. Da insbesondere administrative Prozesse in sozialen Organisationen bislang oft kaum aktiv gestaltet wurden, haben sich zahlreiche Varianten von Abläufen herausgebildet, die lediglich auf hergebrachten Gewohnheiten oder der Möglichkeit und Fähigkeit von Mitarbeitern zur Nutzung von Informationstechnologie beruhen. Ein Beispiel dafür sind unterschiedliche Meldewege für Abwesenheiten von Klienten oder Urlaubsanträge von Mitarbeitern, die handschriftlich per Hauspost, auf einem Excel-Formular per E-Mail oder gar telefonisch an die Zentrale weitergeben werden. Hier findet sich ein weites Feld für Optimierung durch das Setzen von Standards, die die individuell zu gestaltenden Hilfen für Klienten in keiner Weise beeinflussen.

Eine Besonderheit der Kernprozesse sozialer Organisationen ist eine intensive Ko-Produktion durch die Klienten. Ohne ihre aktive Mitarbeit ist kein Fortschritt etwa in der Stabilisierung der Persönlichkeit oder der gesellschaftlichen Integration erzielbar. Damit bestimmt der Adressat aber auch den Ablauf der helfenden Interaktion erheblich mit. Galuske (2002) spricht hier in Anlehnung an Luhmann und Schorr (1988) von einem „unhintergehbaren Technologiedefizit der Sozialen Arbeit". Damit ist unabhängig von der Adressatengruppe oder fachlichen Methodik die Prozess- und Ergebnisoffenheit sozialer Dienstleistungen gemeint. In der Praxis gibt es freilich Unterschiede: so weist etwa die ambulante Arbeit mit Multiproblem-Familien in der Regel weniger strukturierte oder strukturierbare Elemente auf, als die Pflege alter Menschen in einer stationären Einrichtung.

An dieser Stelle wird deutlich, dass sich vor allem die stark durch direkte Interaktion mit den Klienten geprägten Kernprozesse in sozialen Organisationen wie Beratung, Therapie oder Betreuung einer Gestaltung durch die Instrumente des Geschäftsprozessmanagements in weiten Teilen entziehen. Hier handelt es sich um **teilstrukturierte Aufgaben**, deren innere Struktur auf fachlichen Konzepten wie dem Case Management oder dem Pflegezyklus beruht. Diese teilstrukturierten Aufgaben können durch den Einsatz wissenschaftlich gesicherter und praxiserprobter Standards und durch klassische Organisationsmittel wie Stellenbeschreibungen, Checklisten etc. optimiert werden.

Andere Prozesse bieten durchaus Ansätze einer Optimierung mit Methoden des Geschäftsprozessmanagements, da sie zwar interaktive Elemente enthalten, aber etwa durch Fachkonzepte oder Vorgaben des Leistungsträgers eine prozesshafte Struktur aufweisen, in der viele Informationen durch verschiedene Beteiligte sequenziell bearbeitet werden müssen. Typische Kernprozesse dieser Art sind:

- Clearing, Assessment
- Aufnahme, Hilfebeginn
- Planung von Hilfen
- Überleitung in andere Hilfen oder Änderung der Hilfebedarfe
- Entlassung, Hilfe-Ende

Dabei orientieren sich die Prozessinhalte in jedem Fall an der individuellen Situation der Klienten, geregelt werden jedoch die Grundstruktur der Inhalte, die Abfolge von Schritten sowie die Zuständigkeiten dafür.

Neben dem Blick auf die Kernprozesse ist es sinnvoll, den Fokus stark auf die oft unmittelbar an sie andockenden **Unterstützungsprozesse** zu richten: Die Dokumentation von Ereignissen oder Tätigkeiten, die Organisation der Essens- oder Medikamentenversorgung, die Dienstplanung und vieles mehr. Diese Unterstützungsprozesse laufen häufig über mehrere Personen oder Bereiche hinweg ab und beanspruchen einen hohen

Teil der Arbeitszeit von Betreuungs- oder Pflegekräften, aber auch entsprechende Ressourcen in administrativen Bereichen des Unternehmens. Neben diesen „fachnahen" Abläufen müssen natürlich auch die klassischen Verwaltungsprozesse in der Leistungsabrechnung, Finanzbuchhaltung oder im Personalwesen betrachtet werden.

In der Realität ist eine scharfe Grenzziehung zwischen Kernprozessen, teilstrukturierten Aufgaben und Unterstützungsprozessen nicht immer möglich. Wird etwa in der einen Hilfeform die Dokumentation als Kernprozess angesehen, weil sie essenziell zur Planung des weiteren Hilfeverlaufs beiträgt, ist sie in der anderen ein Unterstützungsprozess, da sie als formale Pflichtaufgabe lediglich externe Vorgaben erfüllt. Etwas anders verhält es sich beispielsweise bei der Kassenverwaltung, die auf den ersten Blick einen standardisierbaren Unterstützungsprozess darstellt, bei genauerem Hinsehen aber durchaus pädagogisch begründbare Sonderformen der Ausgabe von Geldern enthalten kann.

Entscheidend ist daher weniger das „Label", mit dem man einen Vorgang versieht, sondern die Wahl der richtigen Mittel um das Ziel der Verbesserung zu erreichen.

Praxistipp

Stellt man beim Versuch der Modellierung eines Prozesses (vgl. Abschnitt 3.4) fest, dass sich die Mitarbeiter immer wieder in intensiven fachlichen Diskussionen verstricken, ist kein Konsens über die genaue Schrittfolge erzielbar oder wird eine hohe Zahl an Ausnahmen im Prozessablauf reklamiert, so lohnt es zu prüfen, ob es sich nicht um einen Prozess im Sinne des Geschäftsprozessmanagements, sondern um eine teilstrukturierte Aufgabe handelt. Die GPM-Methoden würden in diesem Fall nicht gut greifen.

1.3.7 Aufbauorganisation und Prozesse

Beschäftigt man sich mit dem Geschäftsprozessmanagement, so stößt man unweigerlich auf die Frage, was den grundlegenden Unterschied zwischen der klassischen Sicht der Aufbauorganisation und der Prozesssicht ausmacht. In der klassischen Aufbauorganisation werden das Leitungssystem, die Abteilungs- und Teamstrukturen bis auf die Ebene von Stellen gestaltet. Für die Stellenbildung werden einzelne Aufgaben nach funktionaler Perspektive (z.B. Unterschied Fachkraft zu Hilfskraft, examinierte zu nichtexaminierter Kraft) oder nach objektorientierter Sicht (z.B. Fallquote) gebündelt. Die Stellen- oder Aufgabenbeschreibung gibt wesentliche Hinweise auf die zur Aufgabenerfüllung erforderlichen Qualifikationen und die tarifliche Eingruppierung einer Stelle.

1.3 Gestaltungsebenen

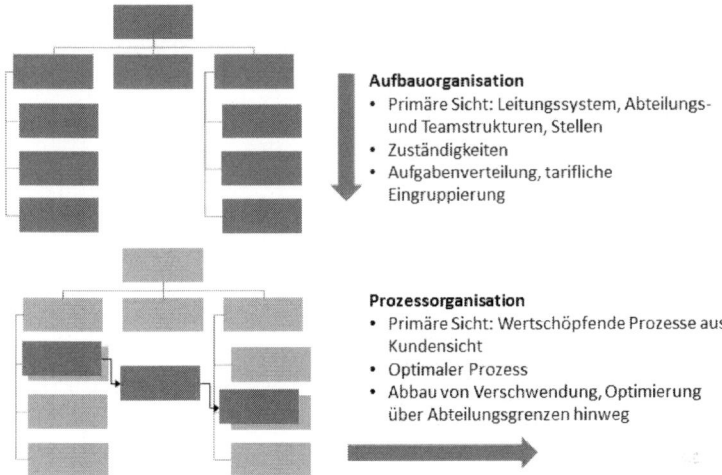

Abbildung 5: Die sich ergänzenden Sichten von Aufbau- und Prozessorganisation

Die prozessorientierte Sicht ergänzt die aufbauorganisatorische Sicht um die sachlogische Abfolge der Aufgaben im Geschäftsprozess. Räumt man der Prozesssicht den Vorrang ein, so kann dies die Aufbauorganisation mit dem Aufgabenzuschnitt von Stellen intensiv verändern. Dabei können sich etwa folgende Fragestellungen ergeben:

- Können Schritte im Kundeninteresse zusammengefasst werden?
- Sollten Prozessschritte in einer Stelle zusammengefasst werden, damit Schnittstellen und Übergaben im Prozess vermieden werden können?
- Können Prozessschritte über eine gemeinsam genutzte elektronische Klientenakte parallelisiert werden?

Aufbau- und Ablauforganisation beeinflussen sich in der Praxis gegenseitig. Häufig gibt die Aufbauorganisation die im Prozess beteiligten Stellen vor, die Prozessmodellierung im IST (vgl. Abschnitt 3.4) konkretisiert die Ablaufschritte im heutigen Verfahren. Mit der Konzentration auf die wertschöpfende und kundenorientierte Optimierung werden nicht nur neue Abläufe geprägt, sondern gegebenenfalls Stellen und die Abteilungs- und Teamstrukturen verändert. Ebenso die Leitungsstrukturen: Die Genehmigung und eher formale Mitwirkung in zahlreichen operativen Geschäftsprozessen kann häufig auf die Fachebene verlagert werden, um den Leitungskräften Raum für strategische und führende Aufgaben zu schaffen.

Das Geschäftsprozessmanagement ergänzt also die klassisch aufbauorientierte Unternehmensorganisation um wesentliche Aspekte aus der Ablaufsicht. Klassische Konfliktthemen wie Pädagogen- vs. Verwaltungsaufgaben, zentrale vs. dezentrale Aufgaben bleiben nicht auf Zuständigkeits- und häufig auch Machtfragen begrenzt, sondern können durch sachliche Argumente aus der Prozesssicht des Kunden ergänzt werden. Ebenso unterstützt die Prozesssicht die Ergebnis- und Wertschöpfungsorientierung und

1 Was ist Geschäftsprozessmanagement und wozu nutzt es?

vermeidet eine binnenlastige Organisationsentwicklung, bei der die eigentlichen Zielgruppen – Klienten, Angehörige und Leistungsträger – zu kurz kommen.

1.4 Wozu nutzt Geschäftsprozessmanagement?

1.4.1 Zielgruppenübergreifende Nutzenaspekte

Ein wesentlicher Nutzen des Geschäftsprozessmanagements speist sich aus der praktischen Erkenntnis, dass in der Regel längst nicht alle Schritte eines Prozesses zur Erreichung seines Ergebnisses beitragen. Ziel ist es deshalb, nicht wertschöpfende Tätigkeiten abzubauen oder auf ein Mindestmaß zu begrenzen.

Neben der eigentlichen **Nutzleistung** von Prozessen finden sich in ihnen häufig auch Blindleistungen und Fehlleistungen, die wertverzehrend wirken (vgl. etwa Hildebrand 2001). **Blindleistungen** sind Tätigkeiten, die Arbeitszeit verschlingen, ohne dass sie eine Wirkung entfalten. Beispiele dafür sind die Suche nach Dokumenten, die Mehrfacherfassung von Informationen oder Rückfragen, die sich aus der unvollständigen Informationslieferung in einem vorausgehenden Prozessschritt ergeben. **Fehlleistungen** sind Leistungen, die eigentlich als Nutzleistung geplant waren, aber nicht oder nur teilweise verwertbar sind, da bei ihrer Erbringung Fehler aufgetreten sind. Hierzu zählen etwa eine fehlerhafte Leistungserfassung die zu einem Verlust von Erlösen führt oder die Übermittlung eines falschen Einzugstermins für einen Bewohner, der einen Vorbereitungsprozess im Wohnbereich auslöst, welcher zu diesem Zeitpunkt gar nicht benötigt wird.

> **Praxistipp**
>
> Für Mitarbeiter, insbesondere aus sozialpflegerischen Berufen ist es oft hilfreich, den folgenden Zusammenhang herzustellen: Die GPM-Zielsetzung, die Wertschöpfung für den Kunden zu steigern, entspricht genau dem Wunsch nach mehr Zeit für ihre direkte Arbeit mit dem Klienten!

Unabhängig von den Zielen und Zielgruppen einzelner Prozesse zeigt sich der Nutzen einer Prozessoptimierung in folgenden drei Dimensionen:

- Die **Senkung von Kosten** ist bislang, insbesondere in der gewerblichen Wirtschaft, ein wesentlicher Treiber für die Verbesserung von Geschäftsprozessen. Abläufe können durch organisatorische Maßnahmen und geeignete IT-Unterstützung teils erheblich verschlankt werden. Kostensenkend wirken etwa die Reduzierung der Zahl der Prozessbeteiligten oder der Zahl der Arbeitsschritte durch Zusammenfassung mehrerer Schritte an einem Arbeitsplatz.
- Eng mit der Kostensenkung verknüpft ist häufig das Ziel der **Laufzeitreduzierung**, die mit den gleichen Maßnahmen oder auch mit einer Parallelisierung von Prozessschritten und der Beseitigung von Flaschenhälsen erreicht werden kann. Dabei kann an den Bearbeitungszeiten, den Warte- und Liegezeiten sowie an den Transportzeiten angesetzt werden.
- Parallel dazu wird das Ziel der **Qualitätssteigerung** verfolgt, das integraler Bestandteil des Prozessmanagements ist. Neben der häufig bereits qualitätssteigernden Wir-

1.4 Wozu nutzt Geschäftsprozessmanagement?

kung von Prozessstandards, Prozesstransparenz und -wissen können etwa Plausibilitätskontrollen in einer Software Fehler minimieren. Vielfach dienen auch die oben genannten Maßnahmen bereits dadurch zur Steigerung der Qualität, dass Informationslücken und lange Wartezeiten für die Kunden vermieden werden. Das „magische Dreieck" des Geschäftsprozessmanagements fasst diese Nutzendimensionen zusammen:

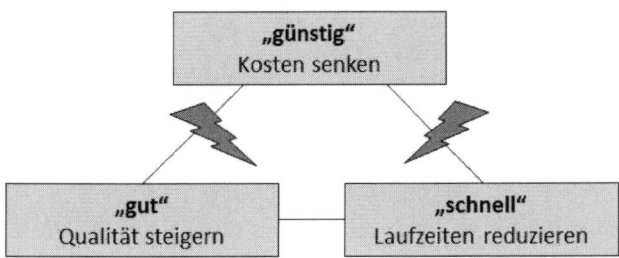

Abbildung 6: Das „magische Dreieck" des Geschäftsprozessmanagements

In der Praxis kommt es nicht selten zu Konflikten zwischen den drei Zielebenen: So kann sich etwa eine Maßnahme zur Kostensenkung negativ auf die Prozess- und Ergebnisqualität auswirken. Umgekehrt können Aktivitäten der Qualitätssicherung die Kosten in die Höhe treiben. Auch eine Beschleunigung kann sich negativ auf die Faktoren Kosten und Qualität auswirken.

Mit der GPM-Methodik können Prozessvarianten erarbeitet und hinsichtlich ihrer Wirkung auf diese Zielebenen bewertet werden. Eine Optimierung auf allen drei Ebenen ist nicht immer, aber doch häufig möglich – etwa wenn eingeschliffene, aber nicht wertschöpfende Tätigkeiten abgebaut oder Fehlleistungen konsequent beseitigt werden. An solchen Stellen sind teilweise auch Entscheidungen des Managements gefragt, Prioritäten zugunsten der einen oder anderen Zielebene zu setzen.

1.4.2 Nutzen für die eigene Organisation

Das Geschäftsprozessmanagement verschafft Klarheit über die Prozesslandschaft und hilft den Leitungskräften dabei, Veränderungs- und Verbesserungspotenziale auf der Ebene der Ablauforganisation schneller zu erkennen.

Es hilft auch dabei, so manche Konflikte in sozialen Organisationen zu lösen. Der Fokus verschiebt sich von machtbewusstem Zuständigkeitsdialog (Aufbauorganisation) zur eher sachorientierten Diskussion entlang der Geschäftsprozesse und zur Wertschöpfung im Kundeninteresse. Von handelnden Personen wird auf eine Ebene von Prozessschritten abstrahiert und der Weg zu pragmatischen Lösungen eröffnet. So können etwa verschiedene Varianten einer zentralen oder dezentralen Leistungserfassung und -abrechnung im Vorfeld der Realisierung „auf dem Reißbrett" durchgespielt oder von Pilotnutzern erprobt werden. Läuft etwas nicht wie geplant, können anhand des Prozessmodells schnell Ideen zur Verbesserung entwickelt werden.

Dabei ist das Geschäftsprozessmanagement auch Motor und Unterstützer von Innovationen. So können etwa bereits im Vorfeld der Eröffnung neuer Einrichtungen die zentralen Prozesse definiert werden, um gravierende Pannen in der Startphase zu vermeiden. Dies ermutigt auch dazu, neue Wege zu gehen, bislang nicht genutzte Potenziale der IT-Unterstützung zu integrieren und gewohnte, aber nicht mehr sinnvolle Rollenmuster aufzubrechen.

Letztlich also bringt das Geschäftsprozessmanagement mehr Klarheit, frischen Wind und neue Sichten in die Organisation und kann damit einen wichtigen Beitrag dazu leisten, die Zukunfts- und Wettbewerbsfähigkeit einer sozialen Organisation zu stärken.

1.4.3 Nutzen für Klienten, Angehörige und Partner im Sozialraum

Mit hoher Wahrscheinlichkeit wird eine Prozessoptimierung den Klienten, Angehörigen oder Zuweisern nicht direkt auffallen. Aber es wird sicherlich bemerkt und geschätzt, wenn Aufnahmeanfragen schnell und klar beantwortet werden, wenn Überleitungsprozesse reibungslos verlaufen oder wenn mehr Zeit für die Elternarbeit zur Verfügung steht, weil Verwaltungsaufgaben der Wohnbereichsleitungen teilautomatisiert oder in die Sekretariate verlagert wurden.

Die bewusste Neugestaltung von Prozessen kann vor allem in Verbindung mit IT-Komponenten auch die Integration der Klienten oder Angehörigen in die Prozesse vorantreiben und damit ihre Zufriedenheit steigern. So könnten etwa Prozesse so umgestaltet werden, dass Klienten oder Angehörige vor Erstterminen erste Daten über webbasierte Portale selbst eingeben und Terminanfragen starten.

Eine prozessbewusste Organisation wird generell neue Kundenbedürfnisse schneller wahrnehmen und ihre Abläufe entsprechend anpassen oder neu erfinden. Damit wird Innovation auch nach außen sichtbar und strahlt letztlich auf das Image der Organisation zurück.

1.4.4 Nutzen für Mitarbeiter

Die Neu- oder Umgestaltung von Prozessen wird von Mitarbeitern anfangs nicht selten als Bedrohung wahrgenommen. Angst vor Veränderungen des eigenen Aufgabenzuschnitts oder gar vor Verlust des Arbeitsplatzes macht die Runde. In der Tat: Nicht jede Prozessoptimierung bringt nur Gewinner hervor. Es kann auch zum Verlust liebgewonnener Tätigkeiten oder zu einer höheren Transparenz in der Leistungserbringung führen und im Extremfall entfallen auch Tätigkeiten oder Stellen komplett. Hier besteht jenseits des Geschäftsprozessmanagements Handlungsbedarf auf Seiten der Führungskräfte um sozialverträgliche Lösungen zu finden. An dieser Stelle hat die Sozialwirtschaft auch bislang schon gezeigt, dass sie dazu sehr wohl in der Lage ist.

Der überwiegende Teil der Mitarbeiter wird die Effekte des Geschäftsprozessmanagements jedoch deutlich auf der Haben-Seite verbuchen. Entlastung von Routinetätigkeiten, weniger Ärger wegen unvollständiger Informationsweitergabe und unnötiger Arbeitsteilung oder ähnliche Effekte tragen dazu bei, sich mehr auf die „eigentlichen" Kernaufgaben konzentrieren zu können.

Über das passive Erleben von Effekten hinaus eröffnete die Kultur und Praxis des Geschäftsprozessmanagements vielen Mitarbeitern auch die Chance, die Prozesse aktiv mit zu gestalten. Mit klaren Zuständigkeiten für Prozesse gibt es einen Ansprechpartner für Verbesserungsideen und allein schon eine leicht zugängliche und verständliche Visualisierung der Abläufe kann dazu animieren, über die Sinnhaftigkeit einzelner Schritte oder ganzer Prozesse nachzudenken.

In jedem Fall bietet die Prozessdokumentation aber Orientierung und Handlungssicherheit. Neuen Mitarbeitern verhilft sie zu einer schnelleren und qualitativ höherwertigen Einarbeitung.

Das Geschäftsprozessmanagement fördert bei den Mitarbeitern auch das Verständnis für ihren Beitrag zu bereichsübergreifenden Prozessen und deren Gesamtnutzen für das Unternehmen. Damit finden auch punktuelle Veränderungen der eigenen Arbeit, wie etwa die direkte Eingabe abrechnungsrelevanter Tätigkeiten in eine Fachsoftware, bessere Akzeptanz weil klar wird, dass diese Information anschließend noch durch zwei oder drei weitere Stellen im Unternehmen wandert, nicht neu erfasst werden muss und sich Rückfragen zumeist erübrigen.

1.4.5 Nutzen für Leistungsträger

Ähnlich wie die Klienten werden auch Leistungsträger die Prozessoptimierung meist nicht direkt bemerken. Doch vieles, was den Sozialdienstleistern selbst nutzt, stiftet auch Nutzen für die Leistungsträger und damit am Ende auch für die Gesellschaft, denn zum größten Teil werden soziale Dienstleistungen aus öffentlichen Mitteln oder Sozialversicherungsbeiträgen bezahlt.

So können die Kosten für Sozialdienstleistungen allein schon durch die Verschlankung von Verwaltungsstrukturen spürbar gesenkt werden und ein noch größerer Teil der Gelder landet in den unmittelbaren Hilfen.

Selbstverständlich ist es auch für die Leistungsträger selbst von hohem Nutzen, ihre Prozesse effizient zu gestalten und standardisierte, intelligent durch IT unterstützte Schnittstellen würden einen enormen Beitrag zum Bürokratieabbau im Sozialwesen leisten.

1 Was ist Geschäftsprozessmanagement und wozu nutzt es?

Literatur zum Kapitel

Becker, Jörg / Kahn, Dieter: Der Prozess im Fokus. In: Becker, Jörg / Kugeler, Martin / Rosemann, Michael (Hrsg.): Prozessmanagement. Ein Leitfaden zur prozessorientierten Organisationsgestaltung. Berlin, Heidelberg 2012, S. 3-15.

Becker, Jörg / Kugeler, Martin / Rosemann, Michael: Prozessmanagement. Ein Leitfaden zur prozessorientierten Organisationsgestaltung. Berlin, Heidelberg 2012.

Davenport, Thomas H.: Process innovation: reengineering work through information technology. Boston 1993.

Fischer, Herbert / Fleischmann, Albert / Obermeier Stefan: Geschäftsprozesse realisieren. Ein praxisorientierter Leitfaden von der Strategie bis zur Implementierung. Wiesbaden 2006.

Friesdorf, Wolfgang / Marsolek, Ingo / Göbel, Matthias: Integrative concepts for the operation room. 13th Annual Meeting of the European Society for Computing and Technology in Anaesthesia and Intensive Care. 2002, S. 42-43.

Gadatsch, Andreas: Grundkurs Geschäftsprozess-Management. Wiesbaden 2012.

Gaitanides, Michael: Prozessorganisation. Entwicklung, Ansätze und Programme prozessorientierter Organisationsgestaltung. München 1983.

Galuske, Michael: Methoden der Sozialen Arbeit. Eine Einführung. Weinheim/München 2002.

Greiling, Michael / Marschner, Christian: Nutzeneffekte von Prozessoptimierungen. Kulmbach 2007.

Halfar, Bernd / Wagner, Britta: Soziales wirkt. Der Social Return on Investment bewährt sich in der Praxis. In: BFS-Informationen Nr. 10/2013, S. 13-16.

Hammer, Michael / Champy, James: Business reengineering: die Radikalkur für das Unternehmen. Frankfurt/Main 1994.

Hanschke, Inge / Lorenz, Rainer: Strategisches Prozessmanagement. Einfach und effektiv. München 2012.

Hildebrand, Knut: Informationsmanagement: Wettbewerbsorientierte Informationsverarbeitung mit Standard-Software und Internet. München, Wien 2001.

Kaplan, Robert S. / Norton, David P. / Horvath, Peter: Balanced Scorecard: Strategien erfolgreich umsetzen. Stuttgart 1997.

Kreidenweis, Helmut: IT-Durchdringung sozialer Organisationen – Empirische Befunde und Folgerungen für die Entwicklung von Praxis und Theorie. In: Kutscher, Nadia / Ley, Thomas / Seelmeyer, Udo (Hrsg.): Mediatisierung (in) der Sozialen Arbeit. Baltmannsweiler 2015, S. 225-241.

Luhmann, Niklas / Schorr, Karl E.: Reflexionsprobleme im Erziehungssystem, Frankfurt a. M. 1988

Möbus, Dirk: Geschäftsprozessoptimierung durch Workflow-Management: Grundlagen, Fallbeispiel, Umsetzung. Frankfurt/Main 1999.

Österle, Hubert: Business engineering: Prozess- und Systementwicklung. Berlin, Heidelberg 1995.

Scheer, August-Wilhelm: EDV-orientierte Betriebswirtschaftslehre. Berlin, Heidelberg 1987.

Schmelzer, J. Hermann / Sesselmann, Wolfgang: Geschäftsprozessmanagement in der Praxis. München 2010.

Senden, Manfred J. / Dworschak, Johannes: Erfolg mit Prozessmanagement. Nicht warten, bis die "Gurus" kommen. Freiburg i. Br. 2012.

2 Geschäftsprozessmanagement in der Sozialwirtschaft
2.1 Geschäftsprozessmanagement im Spiegel der Fachliteratur
Während der wirtschaftswissenschaftliche Publikationsmarkt zu diesem Thema seit vielen Jahren boomt (s. Kapitel 1), sind Veröffentlichungen zum Geschäftsprozessmanagement in der sozialwirtschaftlichen Literaturwelt eher ein rares Gut. Ein recht verlässlicher Indikator für die Themen-Konjunktur einer Branche sind die jeweils neuesten Ausgaben der einschlägigen Fachlexika.

Im Wörterbuch der Sozialen Arbeit (Kreft / Mielenz 2013) findet sich kein Stichwort aus der Wortwolke des Geschäftsprozessmanagements. Lediglich unter dem Eintrag Qualitätsentwicklung (Merchel 2013) wird die Prozessqualität kurz erwähnt. Ähnlich verhält es sich im Fachlexikon der Sozialen Arbeit (Deutscher Verein für öffentliche und private Fürsorge e.V. 2012). Hier gibt es ein Stichwort Qualitätsmanagement, Prozess-Themen sucht man jedoch vergebens. Unter dem Begriff Organisation wird kurz die Ablauforganisation erwähnt. Dort heißt es (Burmeister 2011, S. 627): „Prozesse ordnen die zeitliche Folge der Arbeiten zur Herstellung einer Leistung sowie das Zusammenwirken von Mitarbeiter/innen und den Einsatz von Arbeitsmitteln". Das Stichwort Organisationsberatung ordnet Prozessanalysen den betriebswirtschaftlichen Beratungsmethoden zu, als deren Zielsetzungen die Steigerung von Effizienz und Effektivität genannt sind (Halfar 2011). Zentrale Aspekte des Geschäftsprozessmanagements sind im Fachlexikon jedoch nicht zu finden.

Das Lexikon der Sozialwirtschaft (Grunwald / Horcher / Maelicke 2013) widmet dem Prozessmanagement einen kurzen Artikel (Landes 2013), der auch den Gestaltungs- und Optimierungsauftrag aufgreift, den wertschöpfenden Charakter von Prozessen thematisiert und die Verbindung zur Informationstechnologie herstellt.

Ein kleines Bändchen von Wolfgang Preis (2010) thematisiert das Prozessmanagement aus dem fachlichen Blickwinkel der sozialen Arbeit. Implizit hat der Autor dabei vor allem die Arbeit bei öffentlichen Trägern wie Jugendämtern im Blick. Prozesse werden hier in der Tradition des Qualitätsmanagements als idealtypisches Orientierungsraster für fachliches Handeln gesehen. Primär geht es hier um Dokumentation, der Optimierungsfokus ist nur schwach ausgeprägt und fachlich ausgerichtet, IT oder Ansätze zur Effizienzsteigerung von Prozessen kommen kaum vor.

Das Buch „Prozessmanagement in Pflegeorganisationen" der Herausgeber Harald Blonski und Michael Stausberg (2003) fasst unter dem Begriff Pflegeorganisationen Sozialwirtschaft und Gesundheitswesen zusammen. Die thematische Auswahl und der Praxisbezug erscheinen eher willkürlich, die QM-geprägten methodischen Ansätze aus der Ära der 2000er-Jahre sind für die stationäre Altenhilfe, das Gesundheitswesen und die Hauswirtschaft gut erkennbar. Die Ausführungen zum IT-Einsatz beschränken sich auf den IT-Einsatz im Management der Prozesse, das Potenzial zur Prozessoptimierung durch Einsatz von Branchen- oder betriebswirtschaftlicher Software in den Kern- und Unterstützungsprozessen wird nicht dargestellt.

Fachzeitschriften-Beiträge, die das Management von Prozessen in sozialen Organisationen thematisieren, sind bislang ebenfalls dünn gesät. Eine Recherche in sechs einschlägigen Fachzeitschriften (Sozialwirtschaft, Sozialwirtschaft aktuell, Wohlfahrt intern, Altenheim, Blätter der Wohlfahrtspflege und Nachrichtendienst des Deutschen Vereins) konnte über die Jahre 2006 bis 2014 nur etwa zehn relevante Beiträge ausfindig machen. Sie thematisieren zumeist konkrete Praxisprojekte aus der Alten- und Behindertenhilfe. Häufig (etwa bei Peters 2006 oder Flum 2009) steht dabei die operative Prozessoptimierung im Bereich der Unterstützungsprozesse im Mittelpunkt. Fast durchgängig wird das klassische Mehr-Schritte-Modell in Form eines Projektes gezeigt: Ist-Erfassung, Analyse, Optimierung, Implementierung, Evaluation. Doch die verwendeten Methoden werden nur selten und wenn, dann nur ausschnitthaft skizziert. Häufig geht es um tabellarische Listung oder Zeitdokumentation bzw. –schätzung, Modellierungsmethoden kommen kaum vor. Nicht erkennbar ist in diesen Beiträgen eine systematische Selektion der zu analysierenden Prozesse nach ihrem jeweiligen Optimierungspotenzial.

Ein weiterer Beitrag (Brandl 2011) fokussiert die strategisch ausgerichtete Konzeption neuer Dienstleistungen und der zugehörigen organisationsübergreifenden Prozesse, ansonsten steht – ähnlich wie bei Preis (a.a.O.) die fachliche Prozesssteuerung im Sinne des Case-Managements oder ähnlicher Methoden im Mittelpunkt (etwa Haller / Pfreundschuh 2008, Arlt 2011).

Die systematische Prozessintegration von IT auf Basis datenbankbasierter (Fach-)Software kommt selten, und wenn, dann nur als Randbemerkung vor. Nur bei Brandl (2010) ist sie integrierter Bestandteil der Prozessoptimierung. Doch auch hier bleibt vieles nebulös, konkrete Merkmale prozessunterstützender Software werden kaum benannt. Ansonsten taucht IT lediglich in Verbindung mit Office- und Mailsystemen auf, die Papier und Fax ablösen sollen.

Wenn man annimmt, dass die Anzahl und Inhalte Publikationen der letzten Jahre den Stand des Wissens und der Praxis- und Beratungsszene der Sozialwirtschaft zumindest skizzenhaft wiedergeben, so treten zwei Erkenntnisse zutage: Zum einen scheint das Thema Geschäftsprozessmanagement noch nicht auf breiter Ebene in der Branche angekommen zu sein. Zum anderen zeigt sich, dass das klassische Methoden-Instrumentarium des Geschäftsprozessmanagements teilweise zwar bekannt ist und – mehr oder minder intensiv – genutzt wird. IT und vor allem fachspezifische Software-Lösungen als integrierter Bestandteil des Geschäftsprozessmanagements sind jedoch bislang kaum im Blickwinkel der Akteure. Nach wie vor herrscht also ein stark vom Qualitätsmanagement geprägter Prozessbegriff vor, in dem Dokumentation und Fachlichkeit vor Optimierung und gesamtorganisatorischer Sicht dominieren.

2.2 Geschäftsprozessmanagement in der sozialwirtschaftlichen Praxis

Auf Basis einer Umfrage bei mittleren und größeren Trägern ermittelte der IT-Report für die Sozialwirtschaft 2014 (Kreidenweis / Halfar 2014, S. 17ff), in wie weit Prozesse in Einrichtungen und Diensten auf der organisatorischen Ebene definiert sind. Dabei zeigte sich ein gemischtes Bild: Im Bereich der Planung und Dokumentation von Hilfen gaben immerhin zwei Drittel der Befragten an, dass ihre Prozesse durchgängig oder

2.2 Geschäftsprozessmanagement in der sozialwirtschaftlichen Praxis

weitgehend beschrieben sind, in der Klientenverwaltung und Leistungsabrechnung waren es noch 63 Prozent und Schlusslicht bildet die Dienst- und Einsatzplanung mit nur 45 Prozent. Diese Fragestellung umfasste jedoch nur die Definition, also Dokumentation der Prozesse, nicht deren Optimierung.

Einen statistisch nachweisbaren Zusammenhang zwischen der Größe der Einrichtungen und dem Grad der Prozess-Organisation gibt es nicht. Träger in der Spanne zwischen rund 100 und 7.000 Mitarbeiter haben nach diesen Daten ihre Prozesse gleich gut oder gleich schlecht organisiert.

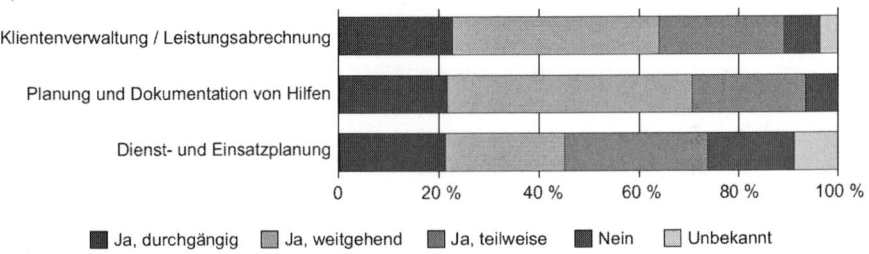

Abbildung 7: Organisatorische Definition von Prozessen,
Quelle: Kreidenweis / Halfar 2014, S. 17

Im zweiten Schritt erkundigte sich der IT-Report danach, wie wichtig den Geschäftsführern, Bereichs- und IT-Leitern in der Sozialwirtschaft die Abbildung der Prozesse in ihren Fachsoftware-Systemen ist. Hier zeigt sich über alle drei Dimensionen auf einer Skala von 1 (sehr wichtig) bis 5 (unwichtig) ein Wert von 2,1. Er drückt aus, dass es im Durchschnitt für wichtig, aber auch nicht für sehr wichtig gehalten wird, ob die angewandte Software die Prozesse gut unterstützt.

Im dritten Schritt schließlich ging es um die Zufriedenheit mit der Abbildung der Prozesse in der vorhandenen Fachsoftware. Hier zeigt sich bei der Klientenverwaltung und Leistungsabrechnung wie bei der Dienst- und Einsatzplanung eine Lücke von einem vollen Skalenpunkt. Bei der Planung und Dokumentation von Hilfen beträgt die Differenz 1,2 Punkte. Die Software bleibt also durchweg ein gutes Stück hinter den – nicht allzu hoch gesteckten – Erwartungen der Leitungskräfte zurück. Auch hier zeigen sich keine Unterschiede nach Organisationsgrößen, wohl aber nach den eingesetzten Programmen. Den Branchensoftware-Anbietern gelingt es also durchaus unterschiedlich, Prozesse nach den Anforderungen der Kunden in ihren Systemen abzubilden.

2 Geschäftsprozessmanagement in der Sozialwirtschaft

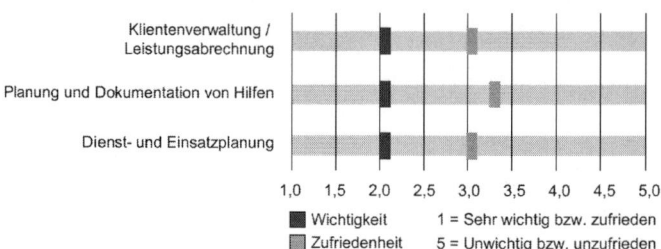

Abbildung 8: Abbildung der Prozesse in Software, Quelle: Kreidenweis / Halfar 2014, S. 18

Im Zeitraum von sechs Jahren (2010, 2012 und 2015) ging der IT-Report ferner dreimal der Frage nach, welche Ziele mit dem Einsatz von IT in sozialen Organisationen verfolgt werden und wie gut sie tatsächlich erreicht werden. Bei der Bedeutung der Ziele rangierte die Standardisierung und Effizienzsteigerung von Arbeitsabläufen stets auf den ersten drei Plätzen. Gleichzeitig war der Abstand zwischen Anspruch und Wirklichkeit bei diesem Punkt in allen Jahren der Größten. In der Wahrnehmung der befragten Führungskräfte gelang es demnach trotz einer deutlichen Steigerung der Investitionen in IT in diesem Zeitraum (vgl. Kreidenweis / Halfar 2014, S. 14) nicht, ihre Prozessziele mit Hilfe von IT-Lösungen umzusetzen.

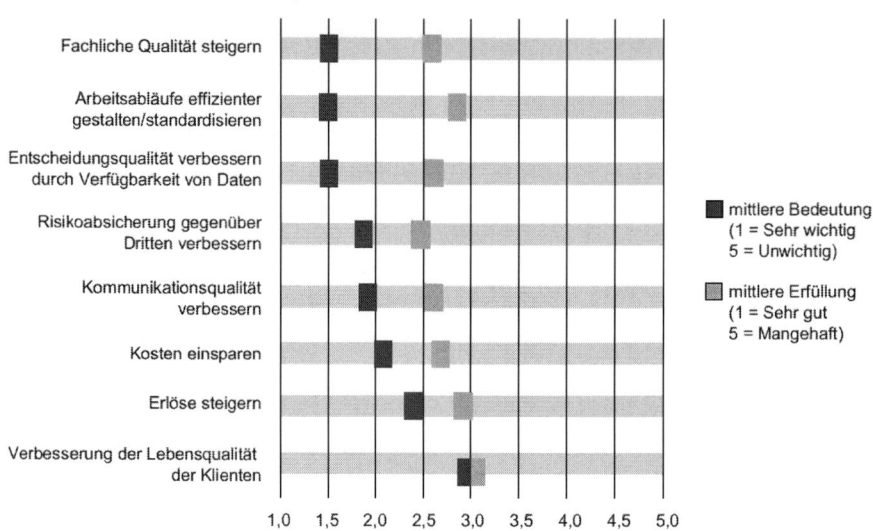

Abbildung 9: Diskrepanz zwischen Bedeutung der IT und Erreichung von Zielen mit IT, Quelle: Kreidenweis / Halfar 2014, S. 16

2.2 Geschäftsprozessmanagement in der sozialwirtschaftlichen Praxis

Eine anders ausgerichtete wissenschaftliche Studie bei einem einzelnen sozialwirtschaftlichen Komplexträger (Kreidenweis 2015) hatte zum Ziel, auf der Basis von Prozessanalysen die Effizienzeffekte der Einführung einer neuen Branchensoftware zu messen. Dabei wurden die Prozesse vor, während und nach der Einführung analysiert, ohne jedoch gestaltend einzugreifen.

In der Analyse vor der Software-Einführung kam eine sehr komplexe Prozesslandschaft zum Vorschein, die wenig dokumentiert war und nur in einigen abrechnungstechnischen Schritten von Fachsoftware unterstützt wurde. In den pädagogisch-pflegerischen Bereichen herrschten stark manuelle oder mit Office-Programmen unterstützte Abläufe vor. Aus Zeit- und Kapazitätsgründen entschied sich der Träger dafür, dem Software-Einführungsprojekt keine umfassende Analyse und Optimierung der Geschäftsprozesse vorzuschalten. Dennoch bestand die Erwartung, dass es durch Auswahl eines kompetenten Anbieters mit moderner Software, ein professionelles Projektmanagement und gründliche Mitarbeiterschulungen im Rahmen der Einführung zu Prozessverbesserungen mit entsprechenden Effizienzeffekten kommen würde.

Die Studienergebnisse zeigten jedoch, dass die Branchensoftware-Einführung trotz bester Rahmenbedingungen nur sehr begrenzte Effizienzeffekte im Bereich von einem Prozent der eingesetzten Arbeitszeitressourcen zu generieren vermochte. Der Reifegrad der Prozesse konnte nur selektiv gesteigert werden, eine durchgängige Verschlankung der Abläufe war nicht beobachtbar. Insbesondere sehr komplexe, zuvor wenig dokumentierte und standardisierte Prozesse mit zahlreichen Kontrollschleifen konnten kaum von der Software-Einführung profitieren. Selbst bei Prozessen, die in großen Teilen effizienter wurden, traten nach der Software-Einführung einzelne Prozessschritte zu Tage, deren zeitlicher Aufwand völlig aus dem Ruder lief und alle positiven Effekte an anderen Stellen wieder kompensierte. Interessant war dabei, dass die Organisation bislang offensichtlich über kein Radarsystem verfügte, diese Zeitfresser konsequent aufzuspüren und für Abhilfe zu sorgen. Die Mitarbeiter ebenso wie die unteren Leitungsebenen schienen diese jedenfalls klaglos hinzunehmen und auf die oberen Leitungsebenen drangen solche Informationen nicht vor.

Weitere, bislang nur teilweise veröffentliche Analysen bei einzelnen Trägern (etwa Kreidenweis 2008) spitzen die Aussagen dieser Studie nochmals zu: In der organisatorischen Gestaltung der Prozesse und – noch stärker – in deren konsequenter IT-Unterstützung schlummern bislang vielfach enorme Effizienzreserven. Vergleicht man etwa bei einem Träger der Behindertenhilfe die eingesetzten Zeit-Ressourcen ausgewählter Ist-Prozesse mit denen der auf Basis verfügbarer Technologien modellierten Soll-Prozesse, so ergibt sich in der Spitze ein Effizienzpotenzial von 82 und im Durchschnitt von 44 Prozent.

Die Ergebnisse dieser Studien verweisen auf mehrere Fragestellungen, die in diesem Buch behandelt werden. Zum einen geht es darum, welche Beiträge die IT zur Optimierung von Prozessen tatsächlich zu leisten vermag und was auf organisatorischer Ebene zu tun ist (vgl. Abschnitt 3.5), zum anderen stellen sich auch Fragen an die Prozessorientierung der Software, die in Kapitel 5 behandelt werden.

2 Geschäftsprozessmanagement in der Sozialwirtschaft

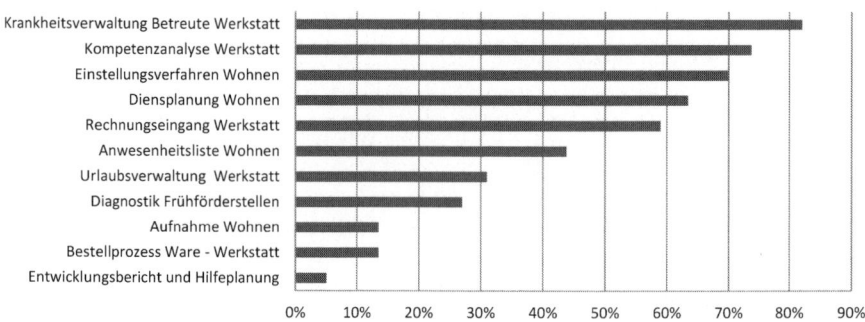

Abbildung 10: Effizienzpotenziale der Prozessoptimierung, die in einem Projekt bei einem Träger der Behindertenhilfe ermittelt wurden

Der bislang nur sehr lückenhafte empirische Blick auf die Praxis in sozialen Organisationen zeigt ebenso wie der Blick in die Literatur, dass die konsequente Beschäftigung mit Prozessmanagement in der Branche als durchaus ausbaufähig bezeichnet werden kann.

Dies spiegelt sich auch in der Ausbildung von Fach- und Führungskräften wieder. In grundständigen Studiengängen der Sozialen Arbeit oder Pflege finden sich entsprechende Themen nur sehr selten und selbst in Masterstudiengängen zu Sozial- oder Pflegemanagement gehört das Geschäftsprozess-Management nicht zum Standard-Repertoire. Der Erwerb des notwendigen Methodenwissens (s. Kapitel 3) stellt jedoch eine unabdingbare Voraussetzung dafür dar, Abläufe in den Einrichtungen überhaupt analytisch betrachten und auf ihre Verbesserung hinarbeiten zu können.

2.3 Unternehmensübergreifende Geschäftsprozesse

Die unternehmensübergreifende Integration von Geschäftsprozessen ist in vielen Unternehmen gelebte Realität. In der produzierenden Industrie wurden diese Prozesse oft im Anschluss an die Verbesserung der internen Prozesse in den Fokus genommen. Unter dem Stichwort des **Supply Chain Managements** hat man vielfach die Lieferketten optimiert und Abläufe bei Lieferanten und Abnehmern eng miteinander verzahnt. So kann der Abnehmer etwa auf elektronischem Weg direkt die Lieferung vom Lieferanten auslösen.

In der Sozialwirtschaft stellen sich hier je nach Ebene der Partner verschiedene Herausforderungen, die im Folgenden kurz skizziert werden.

2.3.1 Integration Klienten

In den klassischen Kernprozessen, also der vom Klienten wahrnehmbaren Wertschöpfung, ist die Zusammenarbeit von persönlichem Kontakt und den klassischen Kommunikationsmedien („face to face", Telefon, Briefpost usw.) geprägt.

Eine stärker standardisierte und mit IT-unterstützte Gestaltung der Klientenkommunikation ist in der Sozialwirtschaft derzeit nur in wenigen Pilotbereichen umgesetzt. Als Beispiel kann hier die partizipative Dokumentation in der Jugendhilfe über ein webbasiertes Portal genannt werden, bei der die Klienten etwa die Durchführung von Maßnahmen, die sie mit dem Sozialarbeiter vereinbart haben, online zurückmelden. Die Gesundheitswirtschaft geht diesen Bereich intensiv an, die Schwierigkeiten im Umfeld der elektronischen Gesundheitskarte zeigen aber die Problematik mit vielen Beteiligten, dem sicheren Umgang mit sensiblen Daten und der Realisierungskomplexität.

2.3.2 Integration Leistungsträger

Die Geschäftsprozesse zwischen sozialwirtschaftlichem Unternehmen und dem Leistungsträger sind über stark formalisierte Regeln in Gesetzen, Verordnungen oder Leistungsverträgen geregelt. Die föderale Struktur bringt es jedoch mit sich, dass eine nahezu unübersehbare Vielfalt an Regelungen – in Abhängigkeit des jeweiligen Bundeslandes, des Leistungsträgers und ja, gegebenenfalls des jeweiligen Sachbearbeiters herrscht. Dazu gehören Antrags- oder Berichtsverfahren, die Lieferung von Statistiken oder Leistungsnachweisen.

Für sozialwirtschaftliche Unternehmen mit unterschiedlichen regionalen Leistungsträgern ist somit eine erhebliche Komplexität in den verwaltungsnahen Prozesse zu bewältigen – aus GPM-Sicht ist dies eine nicht wertschöpfende Vielfalt.

Die Beauftragung geschieht überwiegend mit klassischen Kommunikationsmitteln und in Form von Sitzungen (z.B. Fachausschüsse mit anschließendem Protokoll). Ein IT-basierter Leistungsabruf ist erst in wenigen Bereichen der Sozialwirtschaft umgesetzt. So ist eM@w (elektronische Maßnahmeabwicklung) etwa eine Plattform, die den Datenaustausch zwischen den Agenturen für Arbeit und Bildungsträgern (Auftragnehmer) unterstützt.

Leistungsnachweise der Leistungsanbieter gegenüber den Leistungsträgern sind fast durchgängig in klassischen Medien (Entwicklungsbericht o.ä.) zu erbringen, die Aufsichtsbehörden führen überwiegend papierbasierte Prüfungsverfahren durch. Auch für die Leistungsnachweise und -abrechnungen sind meist papiergebundene Verfahren prägend. Die zwischenbetrieblichen Prozesse zur Klärung von Abweichungen in der Leistungsabrechnung sind meist wenig geregelt und bergen ein großes Optimierungspotenzial.

In der Sozialwirtschaft wird nicht selten ein Machtgefälle zwischen Leistungsträgern und Leistungserbringern beklagt. Die Leitungsträger definieren dabei faktisch zu weiten Teilen, wie diese Prozesse zu gestalten sind. Nur selten gibt es dazu explizite gesetzliche Regelungen wie zum elektronischen Datenaustausch nach den Paragrafen 302 SGB V und 105 SGB IX. Auch hier wurde die Gestaltungshoheit für das Verfahren zu weiten Teilen auf der Leistungsträgerseite angesiedelt.

Während das Machtgefälle zwischen Zulieferer und Auftraggeber auch in der Privatwirtschaft nicht selten zu beobachten ist, stellt die Komplexität und IT-arme Gestaltung der nicht direkt wertschöpfenden Geschäftsprozesse eine sozialwirtschaftliche Besonderheit dar. Hier bedarf es einer dezidierten Initiative von staatlicher Seite, um durch Einführung zeitgemäßer Prozessstandards und entsprechender elektronischer Verfahren die Bürokratiekosten wirksam zu begrenzen. Dazu ist es ebenso erforderlich, bei den jeweiligen Entscheidern und Einflussnehmern ein Bewusstsein für Prozesseffizienz und die prinzipiell bereits vorhandenen technischen Unterstützungsmöglichkeiten zu schaffen. Ein positives Beispiel hierfür ist das e-Health-Gesetz, das solche Ansätze für den Bereich der Gesundheitsdienstleistungen bereits enthält.

2.3.3 Integration Kooperationspartner

Arbeiten mehrere sozial- und/oder gesundheitswirtschaftliche Unternehmen zusammen, sind ebenfalls noch wenige zwischenbetriebliche Prozesse mit IT-Unterstützung realisiert. In der Altenhilfe ist der Ausdruck eines Überleitungsbogens bei einem Krankenhausaufenthalt üblich. Diese sind zumindest in einigen Regionen standardisiert.

Für horizontale Austauschprozesse mit Informationen zu Klienten zwischen Leistungserbringern oder innerhalb von Trägerorganisationen mit verschiedenen Softwaresystemen hat der Fachverband für IT in Sozialwirtschaft und Sozialverwaltung FINSOZ e.V. eine erste Version eines Branchenstandards für den Stammdatentransfer entwickelt, der die technische Unterstützung solcher Prozesse deutlich erleichtert. Er ist unter www.finsoz.de verfügbar.

Die Integration des Ehrenamtlichen-Einsatzes erfolgt meist ebenfalls in klassischen Medien wie Telefon oder E-Mail. Ehrenamtlichen-Portale mit der Eingabemöglichkeit von Einsatz-Wünschen und zeitlicher Verfügbarkeit, Einsatzsteuerung etc. gehören noch zu den seltenen Leuchttürmen in der Sozialwirtschaft.

2.4 Qualitätsmanagement und Geschäftsprozessmanagement in der Sozialwirtschaft

In den 1990er- und 2000er-Jahren fand das Qualitätsmanagement in der Sozialwirtschaft starke Verbreitung. Mit unterschiedlichen QM-Ansätzen von DIN-ISO über EFQM bis zu branchen- oder arbeitsfeldspezifischen Ansätzen (z.B. Pflegesiegel) wurden Prozesse erhoben und dokumentiert, in umfassenden QM-Handbüchern oder im Intranet bereitgestellt und es wurden Zertifizierungsprozesse bewältigt.

Transparenz und formale Dokumentation waren mit Blick auf die Zertifizierung und Risikominimierung prägende Zielsetzungen. Flächendeckende Prozesserhebungen, auch von wenig wertschöpfenden Prozessen (z.B. Faxeingang) füllten zahlreiche Handbuchseiten. Der Nutzen und die Nutzung der erarbeiteten Dokumente blieben jedoch häufig hinter den Erwartungen zurück. Die Projekte stagnierten oft in der umfassenden IST-Dokumentation und fanden wenig Akzeptanz bei den Mitarbeitern.

In einem zweiten Anlauf geht man heute im Qualitätsmanagement oft pragmatischer vor, verschlankt die Systeme, bezieht die Akteure vor Ort stärker in die Prozessdokumentationen ein und sorgt teils auch für eine bessere IT-gestützte Zugänglichkeit der Dokumente. Die Grundausrichtung bleibt jedoch identisch: Der Fokus liegt stark auf

2.4 Qualitätsmanagement und Geschäftsprozessmanagement in der Sozialwirtschaft

der Sicherung von Qualität, Aspekte der Effizienz von Prozessen oder der Blick auf deren Wertschöpfungsbeitrag blieben weitgehend außen vor. Optimierungen finden vielfach nur auf der strukturellen Ebene, etwa durch Klärung von Zuständigkeiten statt. Die Möglichkeiten der vorhandenen oder neu zu beschaffender Fachsoftware werden kaum systematisch in die Prozessgestaltung einbezogen, bestenfalls sind Hinweise zu finden, dass die Medikation im Programm XY zu dokumentieren ist. Teilweise sind die Prozesse in den QM-Dokumenten nur textlich beschrieben, doch auch wenn sie grafisch in Form von Ablaufdiagrammen visualisiert werden, so ist ihr Detaillierungsgrad meist zu grob, um Ineffizienzen gezielt erkennen und beseitigen zu können. In aller Regel wird auch die Ebene der Medien, auf denen Informationen erfasst und weitergegeben werden, nicht systematisch erfasst. Medienbrüche und damit etwa verbundene zeitaufwändige Mehrfacherfassungen von Klientendaten werden so nicht zum Gegenstand der Betrachtung. Nicht selten entsteht dann im QM-System ein umfassendes Formularwesen, das zwar die Formulare vereinheitlicht, aber weiterhin eine Parallelwelt zur Fachsoftware darstellt, in der viele dieser Informationen direkt erfasst und prozessual bearbeitet werden könnten.

Dennoch haben Qualitäts- und Geschäftsprozessmanagement viele übereinstimmende Zielsetzungen und Ansätze. Prozessmanagement kann auch als methodisches Kernelement eines umfassenderen QM-Systems verstanden werden im Sinne einer dauerhaften Organisation von Qualitätsverbesserung, Qualitätsberichtswesen sowie Qualitäts- und Prozesssteuerung. So gesehen akzentuiert Prozessmanagement viele Ansätze aus dem Qualitätsmanagement in Richtung der Prozessoptimierung. Für viele Träger und Einrichtungen ist es eine geeignete Überschrift zur Verschlankung und Wirkungsoptimierung der bisherigen QM-Ansätze. Ein etabliertes und akzeptiertes Qualitätsmanagement bildet damit eine gute Voraussetzung, um es in Richtung Geschäftsprozessmanagement weiter zu entwickeln. Hierbei stehen eine Neugestaltung und Optimierung der Prozesse unter Einbezug der Potenziale von IT, ein konkret erfahrbarer Nutzen, Ergebnisorientierung und klare Ausrichtung auf den Kundennutzen im Vordergrund.

2 Geschäftsprozessmanagement in der Sozialwirtschaft

Literatur zum Kapitel

Arlt, Maja: Auf Organisationskultur und Geschäftsprozesse kommt es an. In: Sozialwirtschaft aktuell Nr. 11/2011, S. 1-4.

Blonski, Harald / Stausberg, Michael: Prozessmanagement in Pflegeorganisationen. Grundlagen - Erfahrungen - Perspektiven. Hannover 2003.

Brandl, Paul: Altes optimieren, Neues gestalten. In: Sozialwirtschaft Nr. 2/2011, S. 12-15.

Brandl, Paul: Wertschöpfung durch optimierte Prozesse. In: Sozialwirtschaft Nr. 2/2010, S. 10-13.

Burmeister, Jürgen: Organisation. In: Deutscher Verein für öffentliche und private Fürsorge e.V. (Hrsg.): Fachlexikon der sozialen Arbeit. Baden-Baden 2011, S. 626-627.

Deutscher Verein für öffentliche und private Fürsorge e.V.: Fachlexikon der sozialen Arbeit. Baden-Baden 2012.

Flum, Markus: Prozessorganisation: Hintergrundarbeit optimieren. In: Sozialwirtschaft Nr. 6/2009, S. 29-32.

Grunwald, Klaus / Horcher, Georg / Maelicke, Bernd: Lexikon der Sozialwirtschaft. Baden-Baden 2013.

Halfar, Bernd: Organisationsberatung. In: Deutscher Verein für öffentliche und private Fürsorge e.V. (Hrsg.): Fachlexikon der sozialen Arbeit. Baden-Baden 2011, S. 628-629.

Haller, Siegfried / Pfreundschuh, Gerhard: Prozesssteuerung - Eine zentrale Führungsaufgabe. Dargestellt am Beispiel von Leistungen der Jugend- und Sozialhilfe. In: Nachrichtendienst des Deutschen Vereins Nr. 3/2008, S. 105-110.

Kreft, Dieter / Mielenz, Ingrid: Wörterbuch Soziale Arbeit. Weinheim, Basel 2013.

Kreidenweis, Helmut / Halfar, Bernd: IT-Report für die Sozialwirtschaft 2014. Eichstätt 2014.

Kreidenweis, Helmut: Branchensoftware: Prozesse verbessern, Wirkung steigern. In: Sozialwirtschaft Nr. 4/2015, S. 20-23.

Kreidenweis, Helmut: Produktivitätsreserven heben. In: Sozialwirtschaft Nr. 4/2008, S. 27-31.

Landes, Benjamin: Prozessmanagement. In: Grunwald, Klaus / Horcher, Georg / Maelicke, Bernd (Hrsg.): Lexikon der Sozialwirtschaft. Baden-Baden 2013, S. 808-809.

Meier, Andreas: Informationsmanagement für NPO´s, NGO´s et al. Berlin, Heidelberg 2006.

Merchel, Joachim: Qualitätsentwicklung. In: Kreft, Dieter / Mielenz, Ingrid (Hrsg.): Wörterbuch Soziale Arbeit. Weinheim, Basel 2013, S. 709-713.

Peters, André: Prozessoptimierung - Verwaltungskosten reduzieren. In: Sozialwirtschaft Nr. 6/2006, S. 24-27.

Preis, Wolfgang: Prozessmanagement in der Sozialen Arbeit – Soziale Arbeit als Prozessmanagement. Berlin 2010.

3 Methoden des Geschäftsprozessmanagements

3.1 Methodenübersicht

Die Methoden sind wesentliches Kernelement des Geschäftsprozessmanagements, ihre Kenntnis und praktische Anwendung ist Grundvoraussetzung dafür, dass Prozesse in Unternehmen identifiziert, modelliert, bewertet und optimiert werden können. Bereits hier sind die ersten Weichen zu stellen: Seit den 90er Jahren des letzten Jahrhunderts haben sich für ähnliche oder unterschiedliche Zwecke zahlreiche Methodensets herausgebildet. Die Übersicht ist nicht immer einfach und die Auswahl der für die eigenen Ziele geeigneten Methoden kann zu einem anspruchsvollen Unterfangen werden.

In den folgenden Abschnitten gibt dieser Praxisleitfaden einen Überblick zur Orientierung über gängige Methoden und konzentriert sich anschließend auf solche, die für sozialwirtschaftliche Organisationen am besten geeignet sind. Dabei spielt neben der Akzeptanz und schnellen Erlernbarkeit auch die praktische Anwendbarkeit ohne speziell dafür entwickelte Software eine Rolle. Entscheidend ist jedoch, dass die Methodik mit vernünftigem Ressourceneinsatz umsetzbar ist und zu den angestrebten Zielen passt. Entsprechend kommen etwa streng formallogische Methoden, die zur Entwicklung prozesssteuernder Software konzipiert wurden, für die Sozialwirtschaft nicht in die engere Auswahl.

Im ersten Schritt geht es zunächst darum, sich mit geeigneten Methoden einen Überblick über die Prozesslandschaft in der Organisation zu verschaffen, um anschließend gezielt diejenigen Geschäftsprozesse auszuwählen, von deren Optimierung sich das Unternehmen den größten Nutzen verspricht. Der zweite methodische Schritt besteht darin, die bestehenden Prozesse sichtbar zu machen, sie also in Form eines Modells abzubilden, um sie bearbeiten zu können. Die letzten beiden Schritte sind zwar analytisch trennbar, fallen in der Praxis aber meist zusammen: Mit der Bewertung, die Schwachstellen und Verbesserungsbedarfe identifiziert, kommen fast zeitgleich die Methoden zum Einsatz, um das Kernziel des Prozessmanagements zu realisieren: die Optimierung der Prozesse.

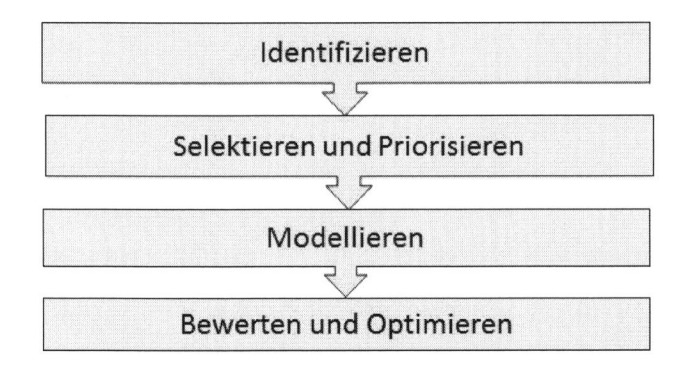

Abbildung 11: Übersicht über die Schritte und Methoden des Geschäftsprozessmanagements

3 Methoden des Geschäftsprozessmanagements

Eine weitere, in der gewerblichen Wirtschaft und teilweise in großen öffentlichen Verwaltungen oder im Klinikbereich genutzte Methode ist die Simulation von Prozessen. Dabei werden verschiedene Optimierungsvarianten hinsichtlich ihrer Auswirkungen theoretisch durchgespielt, um eine Entscheidungshilfe für die Auswahl der besten Variante zu generieren. Die Anwendung dieser Methode setzt eine umfassende Definition von Berechnungsparametern voraus und ist nur mit Spezialsoftware sowie entsprechendem Benutzerwissen realisierbar. Für die Sozialwirtschaft ist sie aufgrund der meist überschaubaren Prozesskomplexität nicht relevant. Deutliche Optimierungseffekte können auch mit den in Abschnitt 3.5 genannten Methoden erzielt werden.

3.2 Identifizieren

Die Auswahl an Methoden zum Identifizieren der Prozesse einer Organisation ist überschaubar, geht es doch zunächst „nur" darum, sich einen Überblick über die gesamte Prozesslandschaft zu verschaffen. An dieser Stelle wird in erster Linie zusammengetragen und in Themenfelder sortiert, aber noch nicht bewertet. Gleichwohl sollte bei den Beteiligten vorab zumindest eine grobe Vorstellung davon vorhanden sein, was Geschäftsprozesse sind.

Die Ergebnisse solcher Sammlungen sind nicht als statisch zu verstehen, in den weiteren Schritten der Selektion oder der Modellierung kann sich etwa herausstellen, dass Prozesse zur Verbesserung der Ergebnisqualität zusammengefasst werden müssen oder dass es sich in manchen Fällen nicht um Geschäftsprozesse im Sinne des Geschäftsprozessmanagements, sondern eher um teilstrukturierte Aufgaben handelt, die mit anderen Methoden optimiert werden müssen.

3.2.1 Prozesskatalog

Im Prozesskatalog werden die Geschäftsprozesse des Unternehmens aufgelistet, abgegrenzt und gegebenenfalls konsolidiert. In der Praxis stellt sich häufig die Frage, ob die Aufnahme etwa im stationären Wohnen der Behindertenhilfe komplett unterschiedlich zur Aufnahme in der Tagesförderung ablaufen muss. Welche Schritte sind durch externe Regelungen oder aus der Fachlichkeit heraus vorgegeben und wo haben sich einfach unterschiedliche Verfahrensweisen pragmatisch herausgebildet?

Der Prozesskatalog wird meist als hierarchische Liste erarbeitet, die in der weiteren Nutzung um zusätzliche qualifizierende Spalten ergänzt wird (Optimierungspotenzial, Mengengerüste etc.).

Prozesskatalog
Managementprozesse
- **Controlling**
  - Planung & Budgetierung
    - Planung & Budgetierung initialisieren
    - Prämissen & Top-Down-Ziele festlegen/kommunizieren
    - Einzelpläne erstellen ...
  - Betriebsw. Beratung ...
  - ...
- **Personalmanagement**
  - ...
- ...

Kernprozesse
- **Stationäres Wohnen**

- **Werkstatt**

Unterstützungsprozesse
- **Finanzen**
  - Kreditorenbuchhaltung
    - Eingangsrechnung abzeichnen und buchen
    - Zahlungslauf auslösen
    - ...
  - Debitorenbuchhaltung ...
  - ...
- **Personal**
  - Änderung Beschäftigungsverhältnis
  - Gehaltslauf
  - ...
- ...

Abbildung 12: Beispiel eines Prozesskataloges aus einer ersten Sammlung

3 Methoden des Geschäftsprozessmanagements

> **Praxistipp**
>
> Die Benennung der Prozesse kann insbesondere in den Unterstützungsprozessen in einigen Fällen mit Abteilungsnamen identisch sein. Generell sollte jedoch darauf geachtet werden, dass Prozesse vielfach über Abteilungsgrenzen hinweg ablaufen und die Benennung sich eher am damit verbundenen Wertschöpfungsschritt, als an der Aufbauorganisation orientieren sollte.

3.2.2 Prozesslandkarte

In der **Prozesslandkarte**, auch Prozessogramm genannt, kann die Prozesslandschaft einer Organisation praxisbewährt visualisiert werden.

Zur Erleichterung bei der Erstellung einer solchen Landkarte haben sich in der gewerblichen Wirtschaft verschiedene Standardmodelle herausgebildet, in denen für jedes Unternehmen notwendige und typische Prozesse – etwa für Produktionsbetriebe – bereits enthalten sind.

Für die Sozialwirtschaft stellt dieses Buch nun ebenso solches Referenzmodell zur Verfügung, das dazu dienen kann, die spezifische Prozesslandkarte einer Organisation aus ihm heraus zu entwickeln. Es greift die Unterscheidung in Management-, Kern- und Unterstützungsprozesse auf und setzt diese in den Rahmen der wertschöpfenden Leistungserbringung.

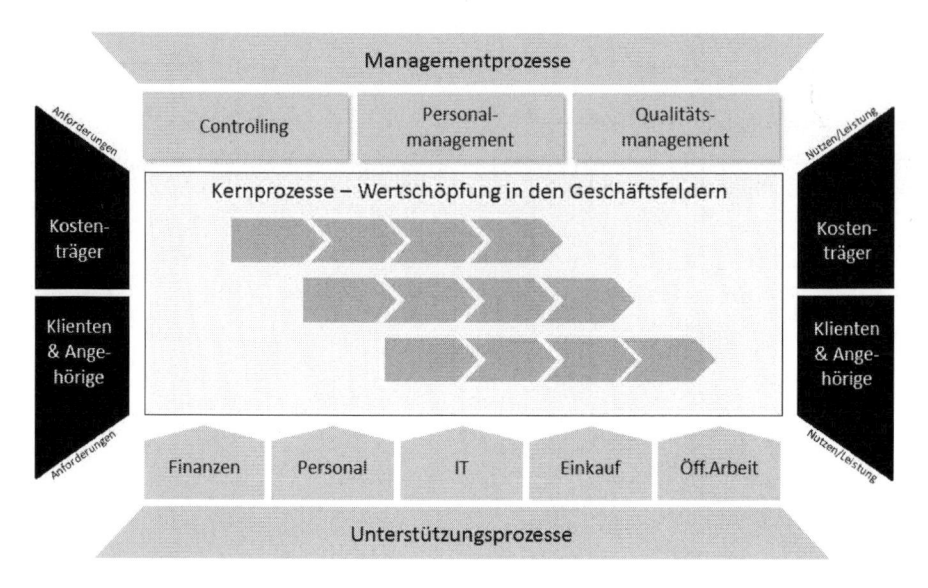

Abbildung 13: Referenz-Prozesslandkarte für die Sozialwirtschaft

Wenig Unterschiede zwischen den sozialwirtschaftlichen Unternehmen gibt es zumeist bei den Management- und die Unterstützungsprozessen, viele von ihnen sind schlichtweg notwendig, um den alltäglichen Betrieb zu organisieren und am Laufen zu halten. Die Kernprozesse sind dagegen stark vom Angebotsportfolio der jeweiligen Organisationen geprägt, doch auch hier gibt es häufig wiederkehrende Elemente in den einzelnen Arbeitsfeldern wie der stationären Alten- oder Behindertenhilfe.

> **Praxistipp**
>
> Einen geeigneten Rahmen für die Entwicklung eines Prozesskataloges oder einer Prozesslandkarte bildet ein moderierter Workshop mit der Geschäftsführung bzw. dem Vorstand sowie allen Bereichs- oder Abteilungsleitungen der Organisation oder anderen geeigneten Führungs- und Fachkräften. Voraussetzung dafür ist, dass bei den Beteiligten bereits ein Grundverständnis über Geschäftsprozesse und die Ziele des Geschäftsprozessmanagements vorhanden ist, wie es in den ersten Abschnitten dieses Buches vermittelt wurde. Ebenso sollte unter den Beteiligten Klarheit darüber herrschen, wozu die Prozesslandkarte dient und welche Schritte auf ihre Entwicklung folgen.

Je nach Anlass für das Geschäftsprozessmanagement, wie etwa einer Neubeschaffung von Software für die Klientenverwaltung und Leistungsabrechnung in einem Arbeitsfeld (s. Abschnitt 4.2.2), kann es auch genügen, nur Ausschnitte einer Prozesslandkarte zu visualisieren. Da es jedoch häufig Verknüpfungen zu anderen Prozessen wie etwa der Finanzbuchhaltung oder dem Controlling gibt, ist es in der Regel sinnvoll, die Landkarte komplett zu visualisieren, damit bei allen Beteiligten ein prozessorientiertes Bild der Organisation entsteht.

3.3 Selektieren und Priorisieren

Selbst der Blick auf Prozesskataloge kleinerer Sozialorganisationen zeigt bereits eine große Anzahl an Prozessen, deren komplette Erhebung ein sozialwirtschaftliches Unternehmen intensiv beschäftigen würde, ohne einen erkennbaren Nutzen zu erbringen. Auch haben Erfahrungen mit dem Qualitätsmanagement in den zurückliegenden Jahren gezeigt, dass die Mitarbeiter-Akzeptanz derartiger Analysen mit steigendem Arbeitsaufwand deutlich sinkt und der Nutzen nur schwer ersichtlich und kommunizierbar ist. Es gilt daher, bereits frühzeitig die wesentlichen Prozesse herauszufiltern um die verfügbaren Ressourcen auf ihre Gestaltung zu konzentrieren.

3.3.1 Strategische Prioritäten

Ein erstes Setzen von Prioritäten kann auf der Grundlage unternehmensstrategischer Entscheidungen (s. Abschnitt 1.3.1) getroffen werden. Verfolgt die Leitungsebene etwa vorrangig die strategische Richtung der Ambulantisierung und Dezentralisierung von Diensten der Behindertenhilfe, so müssen die Kern- und Unterstützungsprozesse, die diesen Bereich betreffen, entsprechend berücksichtigt werden. Dies kann in einer Prozesslandkarte etwa durch farbliche Hervorhebungen kenntlich gemacht werden.

3.3.2 Unterscheidungsmerkmale

Unabhängig von den strategischen Entscheidungen können Vorhaben der Prozessoptimierung nach ihrer Attraktivität unterschieden werden:

Klar **attraktiv** sind Vorhaben, die

- einen messbaren Nutzen bringen, also etwa eine Ersparnis an Arbeits- oder Durchlaufzeit
- sich als wirtschaftlich erweisen, also der Ertrag den Aufwand deutlich übersteigt
- eine spürbare Kundenwirkung entfalten
- die Wettbewerbsfähigkeit steigern oder sogar Alleinstellungsmerkmale hervorbringen

Machbar, aber nicht vorrangig sind Vorhaben, die

- wirtschaftlich neutral sind, also keinen messbaren Ertrag, aber auch keine überbordenden Kosten verursachen
- qualitative Vorteile in den Prozessen hervorbringen
- eine positive Innenwirkung, etwa durch höhere Mitarbeiterzufriedenheit erzeugen

Nicht attraktiv sind solche mit

- unklarer Wirtschaftlichkeit
- unklarem Nutzen für interne oder externe Kunden
- geringer Wahrnehmbarkeit des Nutzens, etwa wenn nur die Einhaltung formaler Vorschriften verfolgt wird, ohne auch Kundenbedürfnisse zu befriedigen

Eine weitere Möglichkeit, um Prozesse hinsichtlich ihres Optimierungspotenzials zu unterscheiden, bieten Reifegradmodelle. Als weltweit anerkannter De-facto-Standard hat sich dabei das CMMI-Modell (Capability Maturity Model Integration) herauskristallisiert (cmmiinstitute.com). Es unterscheidet fünf Reifestufen von Prozessen und gibt in Summe der Betrachtung auch den Prozessreifegrad einer gesamten Organisation wieder.

Stufe	Leistungsniveau	Beschreibung
5	Optimierend	Prozesse werden kontinuierlich und auf Basis von Messgrößen vorausschauend gesteuert
4	Aktiv gesteuert	Prozesse werden auf der Basis von Messgrößen aktiv gesteuert
3	Definiert	Prozesse sind dokumentiert und standardisiert, werden verstanden und eingehalten
2	Gestaltet	Prozesse werden eher reaktiv gestaltet und weitgehend eingehalten, variieren aber innerhalb der Organisation
1	Anfänglich	Prozesse nicht definiert und ad hoc gesteuert, Knowhow ist in den Köpfen der Mitarbeiter

Abbildung 14: Das CMMI-Reifegradmodell in eigener Übersetzung und Interpretation

Viele Prozesse in sozialwirtschaftlichen Organisationen befinden sich heute noch auf den Reifegradstufen 1 bis 2. Dort wo sich Qualitätsmanagementsysteme etabliert haben und gelebt werden, ist teilweise bereits die Stufe 3 erreicht. Höhere Reifegrade in Form einer aktiven Prozesssteuerung auf Basis von Prozesskennzahlen (vgl. Abschnitt 4.3.2) oder ein System der kontinuierlichen Optimierung (vgl. Abschnitt 3.5) sind dagegen noch eher selten vorzufinden.

3.3.3 Praktische Instrumente

Ein praxiserprobtes Instrument zur Selektion und Priorisierung von Prozessen ist ihre Beurteilung anhand folgender Kriterien:

Kriterium	Erläuterung	Beispiele
Wertschöpfender Charakter	Ziel des Prozesses ist ein klarer Nutzen für die Organisation, für Klienten/Angehörige oder Kostenträger	Anfahrt, Durchführung der geplanten Tätigkeiten und Dokumentation in der ambulanten Pflege
Häufiges Vorkommen und hohe Bindung von Personalressourcen	Der Prozess hat eine hohe Wiederholfrequenz und die Mitarbeiter verbringen viel Zeit damit	Planung und Durchführung externer Termine mit Bewohnern stationärer Einrichtungen
Beteiligung mehrerer Personen oder Bereiche	Der Prozess durchläuft unterschiedliche Stationen innerhalb der Organisation	Aufnahme neuer Klienten mit Verwaltung, Pädagogik, Sozialdienst und Regionalleitung
Hoher Anteil an Blind- und Fehlleistungen	Im Prozess sind viele nicht wertschöpfende Schritte enthalten und es kommt häufig zu Fehlern	Unnötige Kontrollschleifen, Mehrfach-Erfassungen, Rückfragen, Missverständnisse
Kein oder nicht optimaler IT-Einsatz	Der Prozess wird manuell durchgeführt oder nur bruchstückhaft mit Office-Software oder E-Mail unterstützt	Formulare werden in Word ausgefüllt, per E-Mail verschickt, gedruckt und in Ordnern abgelegt

Abbildung 15: Kriterien zur Selektion und Priorisierung von Prozessen

Die Kriterienliste kann selbstverständlich organisations- oder projektspezifisch angepasst und erweitert werden. Herrscht etwa große Skepsis zu den Erfolgsaussichten des Geschäftsprozessmanagements vor, so kann das Kriterium „schnell wahrnehmbare Wirkung" mit aufgenommen werden. Ist ein Software-Auswahlprojekt der Auslöser für die Prozess-Analysen, so kann die Relevanz des Prozesses für die Software-Auswahl und –Nutzung das Kriterium „Kein oder nicht optimaler IT-Einsatz" ersetzen. Dabei wird beurteilt, wie wichtig es ist, aus dem Prozess Anforderungen an das Programm abzuleiten und ob der Prozess in der ersten Einführungsphase der Software umgesetzt werden kann.

3 Methoden des Geschäftsprozessmanagements

Die Priorisierung wird am besten in tabellarischer Form vorgenommen. Ist ein Kriterium bei einem Prozess gegeben, so wird es ihm zugewiesen. Die Summe der Kriterien zeigt dann, ob und gegebenenfalls in welcher Phase des Optimierungsprojektes ein Prozess modelliert und optimiert werden soll. Dabei bietet sich folgendes Raster an, das organisationsspezifisch variiert werden kann.

Anzahl zutreffender Kriterien	Prioritätsstufe	Beispiele für Konsequenzen
4-5	A – Klar attraktiv	Diese Prozesse werden in jedem Fall optimiert. Neu zu beschaffende Software muss sie möglichst durchgängig unterstützen
3	B – Machbar	Diese Prozesse werden zu einem späteren Zeitpunkt – etwa im Rahmen eines Software-Projektes – nach der Ersteinführung optimiert und umgesetzt
1-2	C – Nicht attraktiv	Der Aufwand einer Optimierung dieser Prozesse steht im Regelfall in keinem sinnvollen Verhältnis zu seinem Ertrag und kann unterbleiben

Abbildung 16: Stufen zur Priorisierung von Prozessen

Auch an dieser Stelle sind individuelle oder projektspezifische Anpassungen hinsichtlich der Einstufung möglich. Ergibt sich etwa eine hohe Zahl von Prozessen mit A-Priorität, die mit den verfügbaren Ressourcen nicht modellierbar und optimierbar sind, kann die Anzahl der Kriterien pro Prioritätsstufe verändert werden. Ergebnisorientierung hat dabei Vorrang vor Breite, denn was nützt es, viele Prozesse zu modellieren und auf dem Papier zu optimieren, wenn am Ende die praktische Umsetzung auf der Strecke bleibt, weil man sich schlicht zu viel vorgenommen hat.

3.4 Modellieren

> **Praxistipp**
>
> Für die Priorisierung eignet sich in der Regel ein moderierter Workshop mit einem kleinen Kreis ausgewählter Personen, die die zu beurteilenden Prozesse möglichst in ihrer Gesamtheit kennen. Zu große Gruppen führen oft zu langatmigen Diskussionen und eher willkürlichen Entscheidungen.
> Dabei wird gemeinsam festgelegt, ob ein Kriterium auf einen Prozess zutrifft oder nicht.
> In der Praxis kann sich eine solche Expertengruppe meist schnell auf eine gemeinsame Einschätzung einigen. Unklare Punkte können zurückgestellt und am Ende nochmals aufgegriffen werden, wenn schon eine gewisse Übung in der Einschätzung besteht.

Nr.	Prozess-Bezeichnung	Wertschöpfender Charakter	Häufiges Vorkommen und Bindung hoher Personalressourcen	Beteiligung mehrerer Personen oder Bereiche	Hoher Anteil an Blind- und Fehlleistungen	Kein oder nicht optimaler IT-Einsatz	Priorität
A	**Prozesse Finanzwesen**						
1.	Rechnungseingang (Kreditoren)	x	x	x	x		A
2.	Offene Posten Verwaltung		x			x	C
3.	...						
B	**Betreuten-Prozesse Stationäres Wohnen**						
1.	Anfrage und Erstkontakt	x	x	x		x	A
2.	Aufnahme und Diagnostik /Hilfebedarf	x	x	x	x	x	A
3.	Antrags- und Bewilligungsverfahren	x	x	x			B
4.	Fachdokumentation		x			x	C
5.	Leistungsdokumentation		x	x			C
6.	Einrichtungswechsel innerhalb der Organisation	x	x	x	x		A
	...						
C	...						
1.							
2.							

Abbildung 17: Beispiel einer Priorisierung von Prozessen

Die hier vorgestellten Instrumente sind vor allem für umfängliche Vorhaben wie etwa die Neuausrichtung der Prozesslandschaft oder zur Vorbereitung eines Auswahlprozesses für eine Software mit breitem Einsatzgebiet geeignet. Sie können aber auch zur Priorisierung der laufenden Prozessoptimierung in einem Unternehmensbereich oder zur Planung der Prozesse für ein neues Geschäftsfeld genutzt werden.

3.4 Modellieren

Ein wesentlicher Aspekt der GPM-Methodik ist die Modellierung von Geschäftsprozessen. Die Modellierung erlaubt, Prozessabläufe in ihrem **Ist-Zustand** strukturiert zu erheben, zu visualisieren und weitere Informationen, wie Zeitbedarfe, gebundene Kapazitäten, eingesetzte Arbeitsmittel etc. zu ergänzen. Mit dieser Visualisierung kann im Anschluss an die Ist-Erhebung der Veränderungs- oder Optimierungsbedarf konkretisiert werden, es können Prozessalternativen zur Bewertung dargestellt werden – kurz: die Prozessmodelle sind Basis einer gemeinsamen Auseinandersetzung mit den aktuellen und künftigen Geschäftsprozessen. Die detaillierte Erhebung und Visualisierung von Geschäftsprozessen wird in der Literatur häufig als **Prozessmapping** bezeichnet.

3 Methoden des Geschäftsprozessmanagements

In einer Modellierung wird ein Modell der Wirklichkeit geschaffen, das lediglich einen bestimmten Ausschnitt der Realität darstellt, sie bildet diese niemals komplett ab. Im Geschäftsprozessmanagement ist eine vollständige Abbildung auch nicht beabsichtigt, denn Vollständigkeit ist kein Wert an sich. Die Methodik richtet sich vielmehr am Gestaltungsziel des Vorhabens aus.

Die verschiedenen Methoden zur Prozessmodellierung stammen aus der **Betriebswirtschaft** (Tabellen und Diagramme, Flussdiagramme, Ereignisgesteuerte Prozessketten etc.), der **Mathematik** (Petri Netze etc.) sowie der **Softwareentwicklung** (Flowcharts, Unified Modeling Language, BPMN Business Process Model and Notation etc.).

Diese Vielfalt von Modellierungsmethoden rührt von den unterschiedlichsten Anwendungsfeldern und -motivationen her:

- Transparenzgewinn im Qualitätsmanagement
- Visualisierung zur Prozessoptimierung
- Standardisierung und Dokumentation verbindlicher Prozesse zur organisatorischen Entwicklung
- Prozessverbesserung über die Verfolgung von Prozesskennzahlen und Vergleich mit branchenüblichen Standardwerten (Benchmarking)
- Entwicklung neuer Geschäftsprozesse in neuen Geschäftsfeldern
- Transparenz von Prozesskosten und -kennzahlen zur Steuerung der Prozesse
- Prozessvisualisierung zur Einarbeitung neuer Mitarbeiter
- Anforderungsdefinition und IT-Konzeption im Rahmen der Softwareentwicklung
- Prozesssimulation in komplexen Produktionssystemen
- Prozessoptimierung durch Schnittstellenklärung
- Gestaltung der Kundenmitwirkung bei neuen oder bestehenden Geschäftsprozessen
- Dienstleistungsmanagement im Verwaltungsbereich – Definition der Verwaltungsleistungen, Mitwirkung der Verwaltungskunden

Für die Anwendung in der Praxis der Sozialwirtschaft lässt sich diese Vielfalt deutlich reduzieren. Soziale Dienstleistungen werden nahezu vollständig mit standardisierter Branchensoftware unterstützt, die oben benannten Methoden zur Softwareentwicklung werden bei den Leistungsanbietern also kaum zum Einsatz kommen. Im Qualitätsmanagement der Sozialwirtschaft sind fortgeschrittene QM-Methoden wie Six Sigma etc. noch wenig verbreitet. Für die Akzeptanz des Geschäftsprozessmanagements ist deshalb eine möglichst einfache Modellierungsmethodik entscheidend. Auch der im Rahmen der Modellierung notwendige IT-Einsatz ist bei vielen Leistungsanbietern ein kritisches Thema. Ansätze, die zur Beschaffung von kostenintensiven Modellierungsprogrammen oder -suiten führen, sind meist auszuschließen.

Sinnvolle Methoden können auch aus den gängigen Anwendungsfeldern abgeleitet werden: Für die Prozessoptimierung, organisatorisch verbindliche Prozessdokumentation und Auswahl von Standardsoftware genügen als Modellierungsmethoden die Flowchart-Spielarten, die auch mit einfachen IT-Systemen genutzt und erfolgreich eingesetzt werden können. Mit dieser bewussten methodischen Zurückhaltung gelingt es in vielen Projekten, die Mitarbeiter aus pflegerischen oder betreuenden Arbeitsfeldern und der Verwaltung in die Optimierung von Prozessen und IT-Einsatz aktiv einzubinden und betriebliche Veränderungen auszulösen.

Insbesondere der zuletzt benannt Punkt ist entscheidend: Der Aufwand für den Methodeneinsatz muss in einem günstigen Verhältnis zu den im Unternehmen ausgelösten Veränderungen stehen.

3.4.1 Methoden-Übersicht Modellierung

In der folgenden Tabelle sind bekannte Modellierungsmethoden zur Orientierung über das Methodenspektrum kurz zusammengefasst. Die in der Sozialwirtschaft häufig eingesetzten Methoden werden in den nachfolgenden Abschnitten ausführlich dargestellt.

Modellierungsmethode	Ansatz
Flowchart, Swimlane etc.	Ablauf- oder Flussdiagramm als klassische, leicht zugängliche und in der Sozialwirtschaft verbreitete Methode. (s. Abschnitte 3.4.2 und 3.4.3)
Tabellarische Dokumentation	Tabellarische Erfassung der Prozessschritte. Geeignet für die schnelle Skizzierung von Prozessen. (s. Abschnitt 3.4.5)
Service Blueprint	Methode zur strukturierten Prozessmodellierung, Schwerpunkt Kundeninteraktion und -mitwirkung. In den 80er-Jahren u.a. von G. Lynn Shostack und Jane Kingman-Brundage entwickelt (vgl. etwa Kingman-Brundage 1989)
WKD – Wertschöpfungskettendiagramm	Visualisierung der Wertschöpfung auf hohem Abstraktionsniveau, auch über Unternehmensgrenzen hinweg.
SADT – Structured Analysis and Design Technique	In den 1970er Jahren zur Softwareentwicklung eingesetzt.
SSA – Structured System Analysis	Ende der 1970er Jahre, Datenflüsse im Rahmen der Softwareentwicklung.
Petri-Netze	Mathematisches Verfahren mit Prozesszuständen und Umformungen.
EPK – Ereignisgesteuerte Prozessketten	Anfang 1990er Jahre auf Grundlage der Petri-Netze entwickelt. Hohe Akzeptanz in der gewerblichen Softwareentwicklung.
eEPK – erweitere Ereignisgesteuerte Prozessketten	Im Umfeld des Prozessmanagement-Konzeptes und Software-Tools ARIS mit weiteren Sichten aus der Softwareentwicklung.

3 Methoden des Geschäftsprozessmanagements

Modellierungsmethode	Ansatz
BPMN – Business Process Modeling and Notation	In den 2000er Jahren entwickelt, mittlerweile hohe Akzeptanz. Standardisierung durch die Objekt Management Group (OMG). Umfangreiche Symbolik, hoher Einarbeitungsaufwand.
Use-Case, User-Story	Use-Cases beschreiben in der klassischen Softwareentwicklung fachliche Anforderungen in einem Geschäftsprozess oder Teil daraus aus Anwendersicht. User-Stories formulieren in knapper Umgangssprache einzelne Anforderungen im Rahmen der agilen Softwareentwicklung.
UML Unified Modeling Language	Grafische Modellierungssprache zur Spezifikation, Erstellung und Dokumentation von Software. Das Use Case Diagram dient der Anforderungsanalyse und das Activity Diagram der Detailspezifikation.

Abbildung 18: Übersicht zu Modellierungsmethoden

3.4.2 Flowchart-Diagramme

Das Flussdiagramm (Flowchart) ist sicherlich die verbreiteste Modellierungsmethodik, in der Wahrnehmung vieler Menschen aus nicht-technischen Berufen steht es oft auch symbolisch für das Geschäftsprozessmanagement. Die Symbole sind in der DIN 66 001 genormt, übrigens bereits seit den 60er-Jahren des vergangenen Jahrhunderts.

3.4 Modellieren

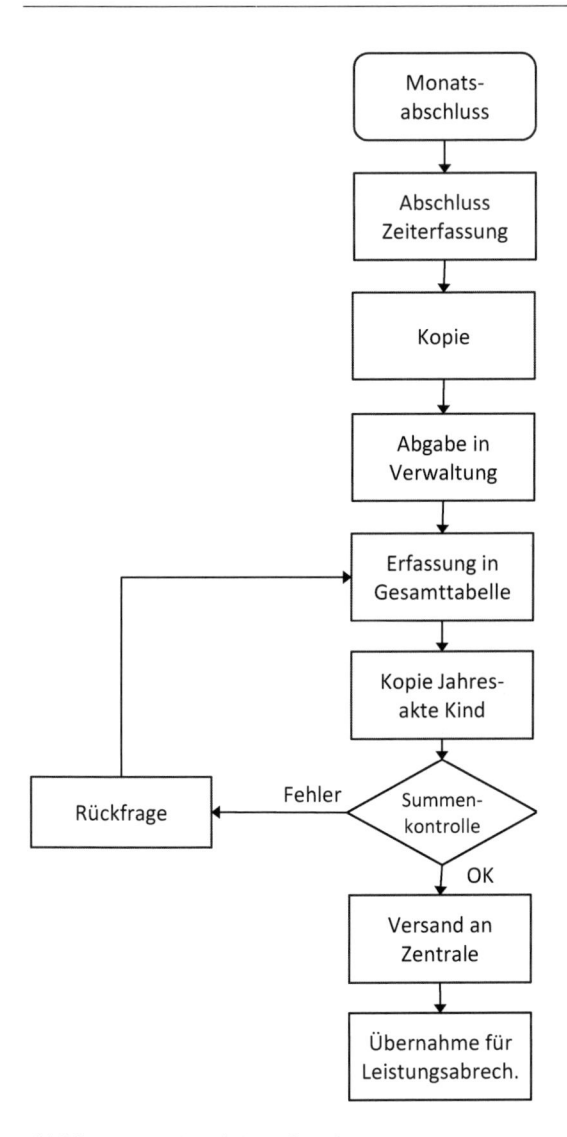

```
            ┌──────────────┐
            │   Monats-    │
            │  abschluss   │
            └──────┬───────┘
                   ▼
            ┌──────────────┐
            │  Abschluss   │
            │ Zeiterfassung│
            └──────┬───────┘
                   ▼
            ┌──────────────┐
            │    Kopie     │
            └──────┬───────┘
                   ▼
            ┌──────────────┐
            │  Abgabe in   │
            │  Verwaltung  │
            └──────┬───────┘
                   ▼
       ┌───▶┌──────────────┐
       │    │ Erfassung in │
       │    │ Gesamttabelle│
       │    └──────┬───────┘
       │           ▼
       │    ┌──────────────┐
       │    │ Kopie Jahres-│
       │    │  akte Kind   │
       │    └──────┬───────┘
       │           ▼
┌──────────┐Fehler ◇
│Rückfrage │◀──────│Summen-│
└──────────┘       │kontrolle│
                    ◇
                   │ OK
                   ▼
            ┌──────────────┐
            │  Versand an  │
            │   Zentrale   │
            └──────┬───────┘
                   ▼
            ┌──────────────┐
            │ Übernahme für│
            │Leistungsabrech.│
            └──────────────┘
```

Abbildung 19: Beispiel eines Flowcharts

Für die in der Sozialwirtschaft gängigen und in diesem Buch beschriebenen Erhebungsziele hat es sich bewährt, nicht zu viele Symbole einzusetzen. Je komplexer die Symbolbibliothek wird, umso weniger intuitiv erschließen sich die Zusammenhänge.

3 Methoden des Geschäftsprozessmanagements

▭	Start, Ende	▭	Teilprozess
▭	Tätigkeit	▭	Dokument
◇ Nein / Ja	Entscheidung	⌭	Datenbank
⬡ n.i.O. / i.O.	Prüfung	① ②	Verknüpfung

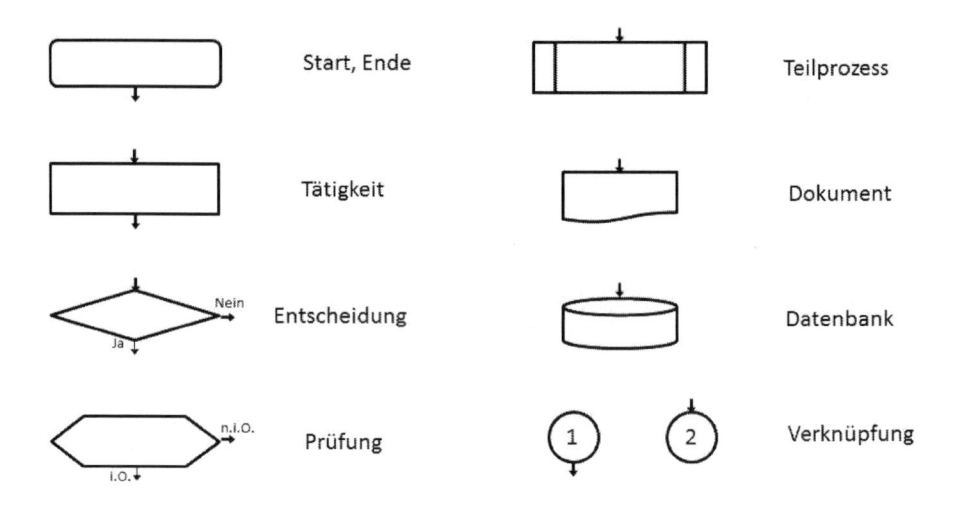

Abbildung 20: Symbolbibliothek für Flowcharts

Symbol	Erläuterung	Beispiele
Start, Ende	Prozesse sind vor einem Einstieg in das Geschäftsprozessmanagement häufig nicht klar abgegrenzt – ein klares Startereignis und die Konkretisierung der Prozessergebnisse erleichtern die Prozessmodellierung	Anfrage eines Interessenten, Abschluss einer Beratung
Tätigkeit	Manueller, IT-unterstützter oder automatisch von der Software ausgeführter Prozessschritt. Je nach Auflösung in der Modellierung können Teilschritte in einer zusätzlicher Spalte textlich dokumentiert werden	Telefonische Klärung, Versand eines Antrages, Berechnung von Zeitzuschlägen aufgrund des Ist-Dienstplanes
Entscheidung	Alternativer weiterer Ablauf des Prozesses je nach Inhalt der Entscheidung	Aufnahme des Interessenten möglich? Ja: weitere Aktivitäten wie Planung Erstgespräch usw., Nein: Information an den Interessenten mit Absage

3.4 Modellieren

Symbol	Erläuterung	Beispiele
Prüfung	Alternativer Prozessablauf je nach Prüfergebnis	Genehmigung der Hilfeplanung? Ja: nächste Prozessschritte wie Druck und Versand, Nein: Rücksprache mit dem Hilfeplan-Ersteller
Teilprozess	Verweis auf einen Teilprozess, für den ein eigener Flowchart existiert	Durchführung einer umfassenden Diagnostik im Rahmen einer Aufnahme
Dokument	Erstellung eines Dokuments Zusatzinformationen: Womit und auf welchem Medium erstellt, wie weitergeleitet	Vertrag als Word-Ausdruck unterschrieben per Brief, Excel-Tabelle in PDF gewandelt als Mail-Anhang
Datenbank	Fachsoftware, betriebswirtschaftliche Software und andere Programme, die ihre Daten in einer Datenbank verwalten	Klienten-Stammdaten, Ansprechpartner, Leistungen, Buchungssätze
Verknüpfung	Darstellung von Zusammenhängen zwischen Prozessen	Im Anschluss an den Prozess der Leistungsdokumentation folgt der Prozess der Leistungsabrechnung

Abbildung 21: Erläuterung und Beispiele zur Symbolbibliothek für Flowcharts aus Abbildung 20

3 Methoden des Geschäftsprozessmanagements

Zur Gestaltung der praktischen Prozesserhebung hat sich die folgende Schrittfolge bewährt:

Schritt	Aktivitäten
Prozess-Steckbrief erstellen	■ Benennung des Prozesses mit einem eindeutigen und für alle Beteiligten verständlichen Namen ■ Abgrenzung: Was löst den Prozess aus, was ist das Prozessergebnis? ■ Prozessbeteiligte benennen ■ Mengengerüste: Wie häufig wird der Prozess – etwa pro Monat – ausgelöst?
Prozess erheben	■ Sammlung der Prozessschritte ■ Groben Prozessablauf gemeinsam visualisieren: Schrittfolge, Alternativen/Entscheidungen etc. ■ Prozessbeteiligung abbilden ■ Weitere Informationen wie genutzte Medien, IT-Einsatz, bestehende Probleme bzw. Optimierungspotenzial ergänzen ■ Ideen- und Problemspeicher füllen
Erhebung abschließen	■ Zusammenfassung der erarbeiteten Ergebnisse ■ Vereinbarungen zum weiteren Vorgehen ■ Ergebnisdokumentation

Abbildung 22: Schrittfolge bei der Prozess-Erhebung

Im klassischen Flowchart sind die Inhalte der Prozessschritte über die Stichworte innerhalb der Symbole abgebildet. Während die Prozessinhalte für die an der Modellierung Beteiligten verständlich sind, haben Dritte aufgrund der stichworthaften Ausarbeitung häufig Probleme, sie nachzuvollziehen. Auch sind im einfachen Flowchart die Aufgabenträger der jeweiligen Prozessschritte nicht ausgewiesen. Eine fragmentierte Prozessfolge mit vielen Schnittstellen und Übergaben wird also nicht visualisiert und das Optimierungsthema bleibt undeutlich. Die im folgenden Kapitel dargestellten Flowchart-Varianten nehmen diese Kritik in praxisgerechter Form auf und unterstützen dabei, Verbesserungsbedarfe klarer zu erkennen.

3.4 Modellieren

> **Praxistipp**
>
> Die Dokumentation der Prozessinhalte während des Workshops kann auf unterschiedliche Art erfolgen und hängt von Übung und Vorlieben der Beteiligten ab. Eine einfach handhabbare Form ist es, die Prozessinhalte auf Flipchart oder mit Metaplan-Technik zu skizzieren und sie im Anschluss in Einzelarbeit am PC auszuarbeiten. Es ist aber auch möglich, dies während des Workshops direkt in einem Software-Werkzeug zu tun und per Beamer für alle sichtbar zu projizieren. Feinarbeiten können auch hier im Nachhinein erfolgen.

Insbesondere bei Komplexträgern der Sozialwirtschaft fallen in GPM-Projekten für sachlich ähnliche Geschäftsprozesse vielfältige Begrifflichkeiten und heterogene Prozessabläufe auf. Die Modellierung bietet die Chance, ähnliche Inhalte auch unternehmensweit einheitlich zu bezeichnen und zu gestalten. Dies fördert die Prozessrobustheit und reduziert die Komplexität für die spätere IT-Unterstützung der Prozesse. Gleichzeitig verbessert es Interaktion zwischen verschiedenen Arbeitsbereichen und unterstützt damit das wechselseitige Lernen voneinander.

Wenn von einem Geschäftsprozess viele ähnliche Varianten auftreten, ist die Modellierung aller Varianten im Ist-Zustand sehr aufwändig. Alternativ kann eine Variante im Ist modelliert werden wobei abweichende Begriffe und Vorgehensweisen textlich mit dokumentiert werden. Der Weg zum angemessen standardisierten Soll-Prozess und zur begrifflichen Vereinheitlichung ist dann schnell erreichbar.

Eine weitere praktische Herausforderung in der Modellierung sind **Ausnahmen** und Sonderfälle. In manchem Workshop kreist die Diskussion länger um den einen Sonderfall im Jahr, als um die 100 Standardfälle pro Woche. Hier hilft der Blick auf die Mengengerüste weiter. Eine gängige Lösung ist die grafische Modellierung des Standardfalls und eine textliche Ergänzung zur Behandlung von Sonderfällen. Gegebenenfalls können die Sonderfälle in einem zweiten Schritt grafisch visualisiert werden, wenn es dafür gute Gründe gibt. Modellierungsaufwand und Erkenntnisgewinn müssen dabei jedoch in einem angemessenen Verhältnis zueinander stehen.

In der Modellierung stellt sich immer auch die Frage nach dem **Detaillierungsgrad** bei der Abbildung von Prozessen. Eine Grobdarstellung im Flowchart ist schnell machbar, liefert jedoch oft nicht die benötigten Informationen. Eine feingliedrige Illustration, die nahezu jeden Handgriff einzeln visualisiert, ist dagegen sehr zeitintensiv und die Gefahr wächst, sich in unwichtigen Details zu verlieren.

Daher muss der Detaillierungsgrad aus den Zielen der Prozessmodellierung abgeleitet werden:

- Soll ein **neues Geschäftsmodell** geplant werden, ist eine eher grobe Form ausreichend. Es geht zunächst darum, sich eine Vorstellung von den künftigen Prozessen zu verschaffen, um daraus Mengengerüste, erforderliche Kapazitäten/Personalbedarfe und erste Anforderungen an IT-Konfigurationen ableiten zu können.
- Für **duale Projekte**, die Prozessoptimierung und IT-Einsatz kombinieren, ist ein mittlerer Detaillierungsgrad sinnvoll, da sich die Anforderungen an die Software nur teilweise aus den Prozessen ergeben und zahlreiche funktionale Anforderungen, et-

wa im Bereich der Zugriffsrechte oder den Darstellungsmöglichkeiten von Listen und Statistiken, separat definiert werden müssen.

- Zum **Einstieg in das Geschäftsprozessmanagement**, insbesondere wenn große Skepsis zum Sinn dieser Methodik vorherrscht, kann es auch sinnvoll sein, ausgewählte Prozesse musterhaft sehr hoch auflösend zu modellieren, damit das Ausmaß der tagtäglichen Verschwendungen deutlich zu Tage tritt.

Praxistipp

Wenn die Modellierung Schwierigkeiten bereitet und Mengengerüste zum Prozess nicht fassbar sind, könnte es sein, dass das Modellierungsteam von einem anderen Prozessbegriff fehlgeleitet wurde:

In der Fachsprache oft als Prozess benannte Tätigkeitskomplexe wie der „Pflegeprozess" oder der „Case Management Prozess" sind fachliche Konzepte, aber kein Geschäftsprozess im Sinne des Geschäftsprozessmanagements. So kann etwa für den Prozess Aufnahme die Anzahl der Neuaufnahmen gut ermittelt werden, aber bei der Suche nach der Anzahl der durchlaufenden „Pflegeprozesse" zeigen sich unüberwindbare Schwierigkeiten.

Auch der „Mitarbeiter-Prozess" von der Einstellung bis zum Beschäftigungsende ist kein Geschäftsprozess. Hier handelt es sich um einen klassischen betrieblichen Lebenszyklus.

Auch einige Softwarehersteller haben diese Erfahrungsschleife mitgenommen – der Pflegeprozess als führende Struktur in der Programmnavigation war als Kennzeichen der Prozessorientierung kurze Zeit Mode, hat sich aber nicht durchgesetzt.

3.4.3 Flowchart-Varianten in der Praxis

Die Visualisierung der Aufgabenträger im Geschäftsprozess wird durch das **Swimlane-Diagramm** ermöglicht. Die Prozessschritte werden in „Schwimmbahnen" den jeweiligen Aufgabenträgern zugeordnet. Zuständigkeitswechsel, Übergaben etc. werden über die jeweiligen „Spurwechsel" deutlich.

3.4 Modellieren

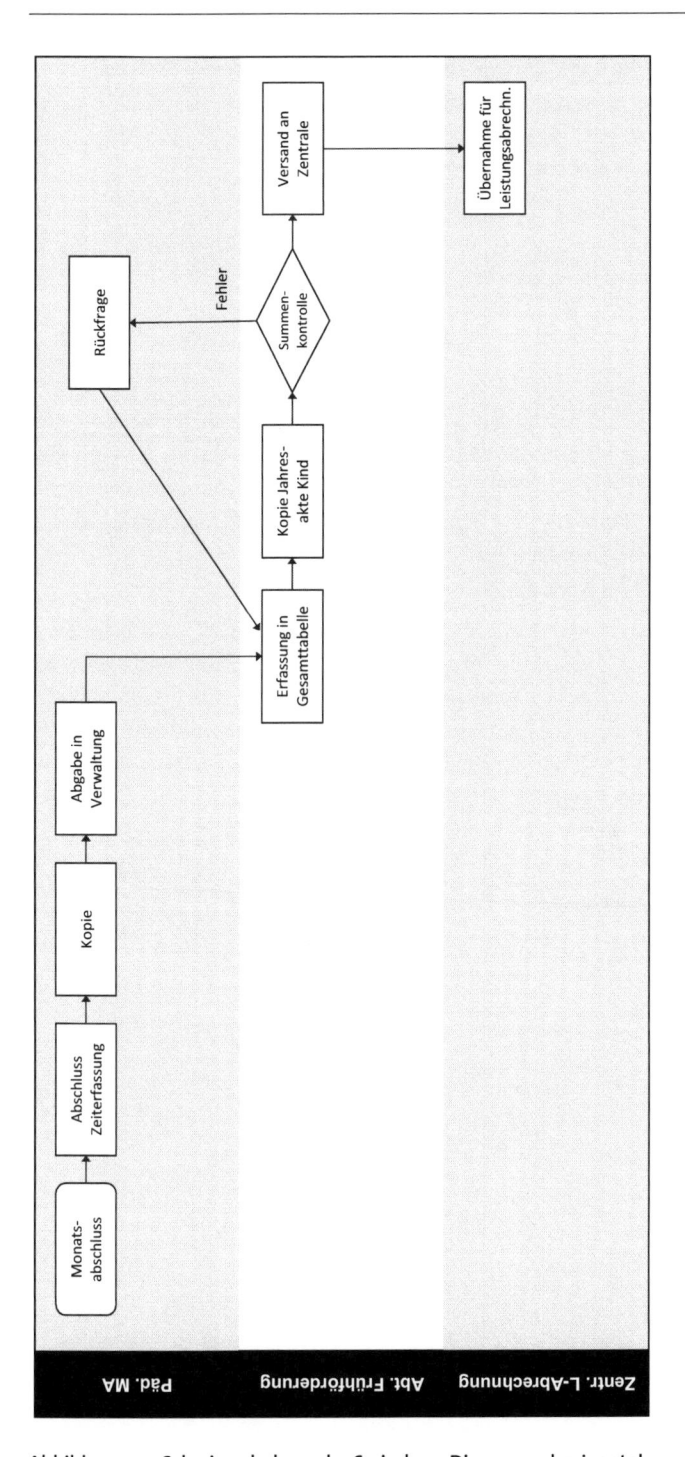

Abbildung 23: Schwimmbahn- oder Swimlane-Diagramm horizontal

Ob die Schwimmbahnen horizontal oder vertikal (teils auch Matrix-Flussdiagramm genannt) angeordnet werden, ist nicht entscheidend. Die horizontale Anordnung eignet sich gut für Bildschirm- oder Präsentationen im Querformat, die vertikale Anordnung wird meist in der Prozessdokumentation genutzt.

Mit dem Swimlane-Diagramm sind zwar die Übergabeschnittstellen im Prozess gut visualisiert. Aber es ist immer noch wenig „Fleisch" an den Prozessinhalten. Die Praxis hat hierzu das **Kombidiagramm** entwickelt. Der Flowchart ist vertikal in Schwimmbahnen dargestellt mit ergänzenden Spalten für Stichworte zu den Prozessschritten, zu Mengengerüsten, IT-Einsatz und beliebig weiteren Spalten – je nach Modellierungsansatz und Gestaltungsschwerpunkten.

So können alle benötigten Informationen zu einem Prozess gesammelt und kompakt dargestellt werden. Über die Spalte Arbeitsmittel werden etwa Medienbrüche, also Wechsel der Informationsträger im Prozessverlauf deutlich und in der Kommentarspalte können Schwachstellen und Optimierungsideen, die bereits während der Modellierung auftauchen, festgehalten werden.

In weiteren Spalten ist es möglich, die pro Prozessschritt aufgewendete Zeit sowie seine Häufigkeit pro Monat als Schätzwert der Prozessbeteiligten zu dokumentieren. Wenn dieses Vorgehen im Soll-Modell (vgl. Abschnitt 3.5) wiederholt wird, kann daraus eine Schätzung zu erwartender Zeitersparnis ermittelt werden. Dies kann etwa bei der Entscheidung für größere IT-Investitionen hilfreich sein, um einen näherungsweisen Return on Investment (RoI) zu ermitteln, der aufzeigt, nach welcher Zeitspanne sich die Investition aus betriebswirtschaftlicher Sicht amortisiert.

3.4 Modellieren

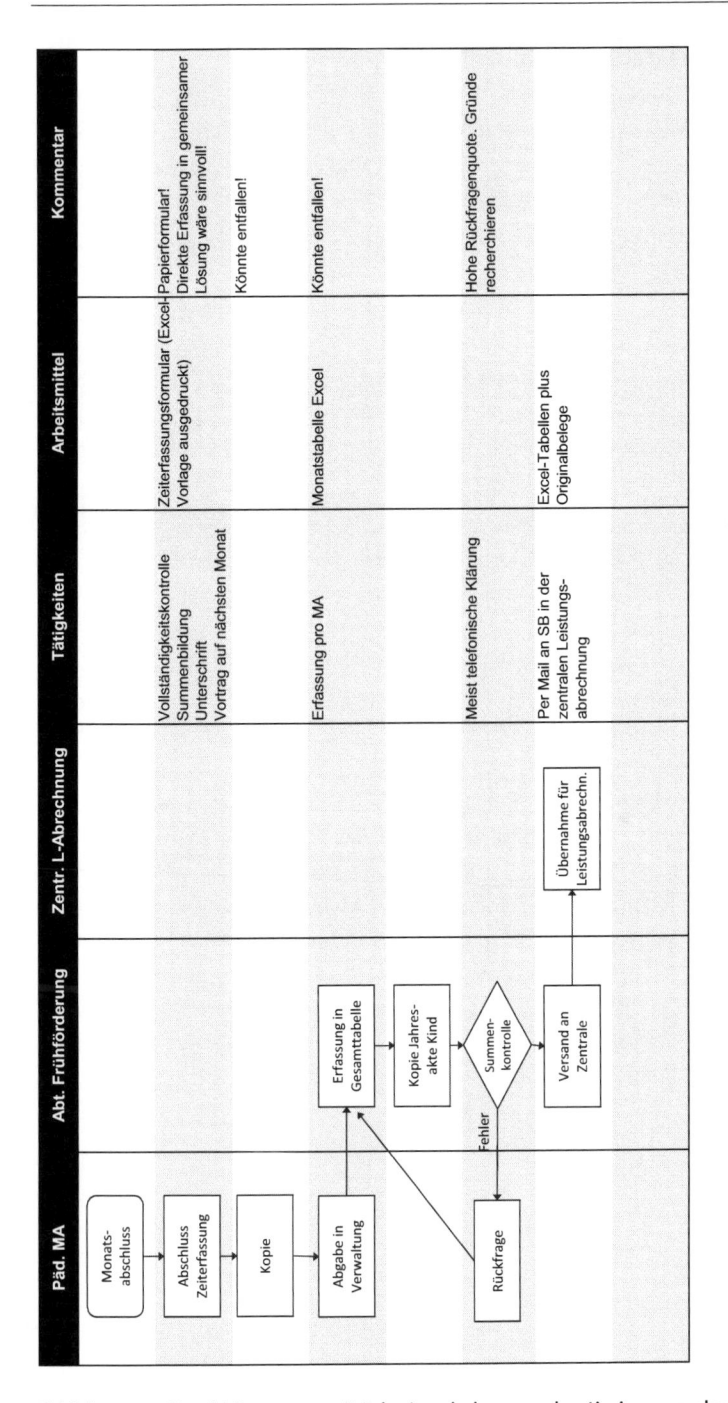

Päd. MA	Abt. Frühförderung	Zentr. L-Abrechnung	Tätigkeiten	Arbeitsmittel	Kommentar
Monatsabschluss			Vollständigkeitskontrolle, Summenbildung, Unterschrift, Vortrag auf nächsten Monat	Zeiterfassungsformular (Excel-Vorlage ausgedruckt)	Papierformular! Direkte Erfassung in gemeinsamer Lösung wäre sinnvoll!
Abschluss Zeiterfassung	Erfassung in Gesamttabelle		Erfassung pro MA	Monatstabelle Excel	Könnte entfallen!
Kopie	Kopie Jahresakte Kind				Könnte entfallen!
Abgabe in Verwaltung	Summenkontrolle (Fehler → Rückfrage)		Meist telefonische Klärung		Hohe Rückfragequote. Gründe recherchieren
Rückfrage	Versand an Zentrale	Übernahme für Leistungsabrechn.	Per Mail an SB in der zentralen Leistungsabrechnung	Excel-Tabellen plus Originalbelege	

Abbildung 24: Kombidiagramm mit Schwimmbahnen und optimierungsrelevanten Zusatzinformationen

3.4.4 Klassiker: Das RACI-Diagramm

Ein klassisches Organisationmittel ist das RACI-Diagramm, das in der Sozialwirtschaft vor allem über das Qualitätsmanagement Verbreitung gefunden hat. Das RACI-Diagramm nutzt eine Standard-Flowchart-Modellierung und ergänzt in Textspalten weitere Informationen. Im ursprünglichen Standard sind es die namensgebenden Spalten:

- R: Responsible – Verantwortliche Durchführung
- A: Accountable – Budgetverantwortung
- C: Consulted – Beteiligt
- I: Informed – zu informieren

In diesen vier Spalten werden die Stellen/Abteilungen entsprechend Ihrer Rolle im Prozessschritt eingetragen. Diese Spalten werden in der Praxis variiert – wie im Praxisbeispiel mit Durchführung, Mitwirkung und Information. Sowohl Anzahl als auch Bezeichnung der Spalten variieren also.

Das RACI-Diagramm nimmt gegenüber dem reinen Flowchart wichtige Zusatzinformationen auf. Aus den folgenden Gründen nimmt die Bedeutung des RACI-Diagramms gegenüber dem Swimlane- oder Kombi-Diagramm aber stark ab:

- Die Beteiligtenspalten werden häufig großzügig ausgefüllt, ohne ausreichend zu klären, wer nun wirklich welchen Durchführungsteil leistet oder wie mitwirkt.
- Zuständigkeitswechsel werden nicht visualisiert – komplexe Zuständigkeitsfolgen mit häufigen Übergaben müssen in der Durchführungsspalte kleinteilig nachvollzogen werden.
- Die Informations-Spalte wird häufig inflationär genutzt. Im Kombidiagramm würden Informationsschritte inhaltlich skizziert und der Informationsempfänger konkret benannt.
- Die Ebene der Arbeitsmittel fehlt, Medienbrüche, Mehrfacherfassungen und damit verbundene Ressourcenverschwendungen können daher nur schwer erkannt werden.

Aufgrund dieser Kritikpunkte ist das RACI-Diagramm für dezidierte Optimierungsvorhaben des Geschäftsprozessmanagements nicht die erste Wahl und wird zunehmend durch das Kombidiagramm verdrängt.

3.4 Modellieren

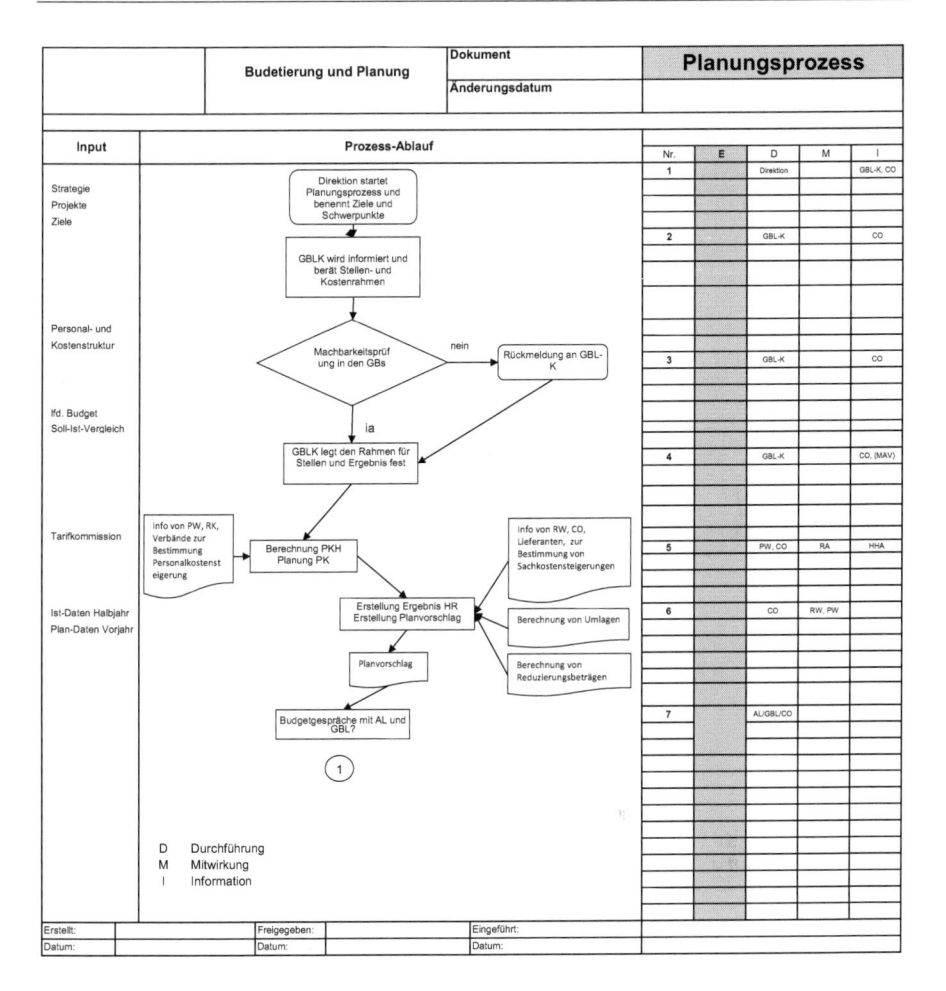

Abbildung 25: Beispiel eines RACI-Diagramms

3.4.5 Tabellarische Prozessdokumentation

Wenn es schnell gehen muss und ein Prozess übersichtlich ist, erscheint eine tabellarische Skizze eines optimierungsbedürftigen Geschäftsprozesses durchaus angebracht. Sie bringt das Optimierungsthema auf den Punkt und kann wesentliche Ergebnisse in einer Sitzung schnell und pragmatisch sichern. Die Dokumentation ist sowohl am Flipchart als auch in der Textverarbeitung oder in einer Software für Tabellenkalkulation möglich.

Prozessbezeichnung:		Leistungserfassung Frühförderung	
Nr.	Prozessschritt	Bearbeitung	Kommentar
1	Monatsende		
2	Abschluss Zeiterfassung - Vollständigkeitskontrolle - Summenbildung - Unterschrift	Pädagogischer Mitarbeiter	Papierformular! Direkte Erfassung in gemeinsamer IT-Lösung wäre sinnvoll!
3	Kopie	Pädagogischer Mitarbeiter	Könnte entfallen!
4	Abgabe in Verwaltung	Pädagogischer Mitarbeiter	Könnte entfallen!
5	Erfassung in Gesamttabelle	Dezentrale Verwaltung	Könnte entfallen!
6	Summenkontrolle - Fehler: Rückfrage, bei Nr. 5 weiter	Dezentrale Verwaltung	Hohe Rückfragenquote. Gründe recherchieren
7	Versand an Zentrale - Per Mail	Dezentrale Verwaltung	Könnte entfallen!
8	Manuelle Übernahme für Leistungsabrechnung	Zentrale Verwaltung	Könnte entfallen!

Abbildung 26: Beispiel einer tabellarische Prozessdokumentation

3.4.6 Modellierungswerkzeuge

Auch wenn heute noch vereinzelt Schablonen zum manuellen Zeichnen von Flowchart-Symbolen zu erwerben sind, ist das Bearbeiten von Flowcharts am PC, Notebook oder Tablet deutlich komfortabler. Die Werkzeugpalette reicht von der rein grafisch-textlichen Visualisierung über komplexe Modellierungstools bis hin zu Simulationswerkzeugen. Entsprechend der Zurückhaltung im Methodeneinsatz werden auch die Modellierungswerkzeuge in der Sozialwirtschaft eher zurückhaltend eingesetzt.

Mit den **Office-Programmen** für Textverarbeitung und Tabellenkalkulation können die wichtigsten Anforderungen für tabellarische Prozessdokumentation sowie für die hier vorgestellten Flowchart-Varianten abgedeckt werden. Die gängigen kommerziellen Systeme (Microsoft Office, Word Perfect Office) wie die Open-Source-Systeme (Open Office, Libre Office) liefern entsprechende Symbolpaletten mit. Die Verbindungslinien rasten teilweise an den Symbolen ein, damit die Umgestaltung eines Ab-

3.4 Modellieren

laufs mit wenigen Klicks geleistet werden kann. In der Tabellenkalkulation können zusätzliche Spalten im Kombi-Diagramm flexibel ergänzt, ein- und ausgeblendet werden. Dies findet hohe praktische Akzeptanz.

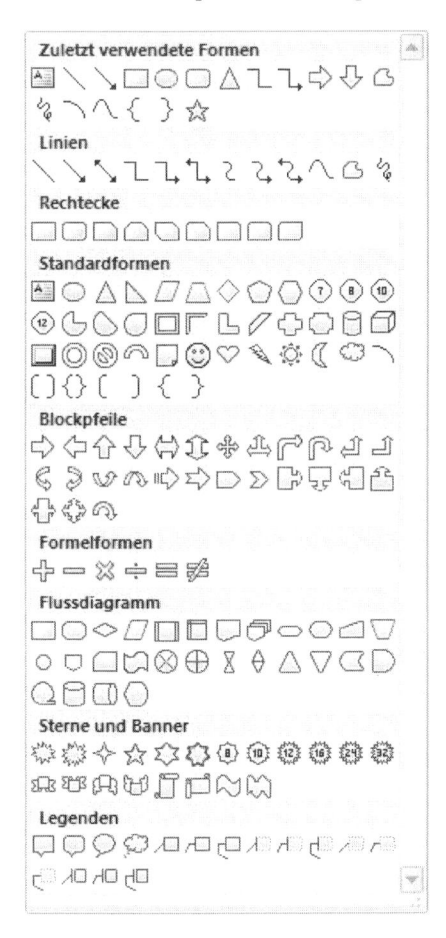

Abbildung 27: Standard-Symbolpalette in Microsoft Office 2010

Auch **spezialisierte Prozess-Visualisierungslösungen** bieten attraktive Symbolpaletten und Verknüpfungsfunktionalitäten für komplexere Prozesse. Teilweise können die Symbole um inhaltliche Informationen ergänzt werden, die dann für Selektionen, Querverbindungen etc. nutzbar sind. Aktuelle Lösungen finden sich unter den Suchworten „Flowchart Software" im Internet und in den einschlägigen App-Stores. Für die klassische PC-Architektur werden kommerzielle und Open-Source-Systeme angeboten. Bei den Apps für Smartphones und Tablets ist die Weiterverwendbarkeit über das jeweilige Angebot an Exportformaten entscheidend. Bei vielen dieser Gerätetypen sind aufgrund von Touch-Bedienung und Bildschirmgröße auch schnell die ergonomischen Grenzen erreicht, wenn man komplexere Prozesse modellieren möchte.

Bei den umfassenderen Prozessmanagement-Lösungen werden weitere QM-bezogene Funktionen ergänzt (Versionierung, Bezug Prozessorganisation - Aufbauorganisation, Zugang und Verteilung im Hause etc.) sowie weitere Modellierungsmethoden unterstützt. Ebenso sind Funktionalitäten zur Software-Einrichtung (Customizing) oder Software-Entwicklung integriert. Entsprechend vielschichtig ist das Angebot, das unter den Suchworte „Software BPM" (Business Process Management) recherchierbar ist. Lizenzkosten, Betrieb auf eigenen PCs und Servern oder Cloudlösungen sind beliebig verfügbar. Angesichts der vielfach noch zurückhaltenden GPM-Akzeptanz in der Sozialwirtschaft und dem weitgehenden Einsatz von Standardsoftware sind diese umfassenderen Systeme in der Branche eher selten anzutreffen.

3.5 Optimieren

Sind die Prozesse identifiziert, selektiert und modelliert, so kann der entscheidende Schritt der Prozessoptimierung angegangen werden. Wie oben schon erwähnt, werden in der Erhebung und Modellierung der Prozesse schon manche Anregungen zur Verbesserung aufgefallen sein: unnötige Arbeitsschritte, rein formale Genehmigungsschritte, manuelle Übertragungen zwischen Systemen, ungeklärte Zuständigkeiten, heterogene Verfahrensweisen etc.

Es gilt nun, Optimierungsbedarf und -potenziale systematisch auszuschöpfen, Lösungsmöglichkeiten zu suchen und mögliche Sollvarianten der Geschäftsprozesse gegenüberzustellen.

3.5.1 Optimierungsziele und -anlässe

Die Prozessoptimierung kann je nach Anlass deutlich unterschiedliche Denkansätze, Methoden und Vorgehensweisen erfordern:

3.5 Optimieren

Anlass	Kurzbeschreibung	Vorgehen
Neuausrichtung des Geschäftsfeldes oder neue Leistungsangebote	Komplettes Neudenken mit einem Start „auf der grünen Wiese".	Geschäftsmodell, Geschäftsprozesse, IT-Einsatz, beteiligte interne Rollen und die Rolle der Kunden, somit auch die Aufbauorganisation stehen grundsätzlich zur Disposition und werden neu ausgerichtet.
Prozessoptimierung und IT-Einführung (Duales Projekt)	Häufiger Anlass in der Sozialwirtschaft, die Prozesse mit neuer IT-Unterstützung gegebenenfalls umfassend neu zu gestalten.	Oft werden in diesen Vorhaben neue fachliche Konzepte (z. B. Neuorientierung in Planung und Dokumentation von Hilfen) erarbeitet und umgesetzt. Die mit sinnvollen IT-Lösungen unterstützten Prozesse führen häufig zu grundlegend neuen Verfahren. Ein Beispiel dafür ist die dezentrale Aufnahme mit gemeinsamer elektronischer Klientenakte in Zentrale und Außenstelle. Damit ändern sich vielfach die Rollen. So führt beispielsweise nicht mehr der Begleitende Dienst die Hilfeplanung durch, sondern berät bedarfsweise und leistet die fallübergreifende Qualitätssicherung. Dies kann auch Veränderungen in der Aufbauorganisation auslösen.
Operative Prozessverbesserung	Auf Basis externer oder interner Anregungen werden einzelne Prozesse optimiert	Die bestehende IT-Unterstützung ist an den optimierten Prozess anzupassen. Organisatorische Veränderungen beschränken sich meist auf das Verschieben von Aufgaben zwischen einzelnen Rollen, es wird in der Regel keine wesentlich Veränderung in der Aufbauorganisation ausgelöst.

Abbildung 28: Übersicht zu Zielen der Prozessoptimierung

In Abschnitt 4.2.2 sind die spezifischen Themen für die dualen Projekte genannt, die für die Sozialwirtschaft relevanten Standardmethoden sind in den folgenden Kapiteln ausgeführt.

3.5.2 Verschwendungssuche

Entsprechend dem Grundsatz „Werte schaffen ohne Verschwendung" werden in der klassischen Lean Production Lehre nach Taiichi Ohno (vgl. Kamiske / Brauer 2012, S. 42) sieben Verschwendungsarten unterschieden:

- Überproduktion
- Wartezeiten
- überflüssiger Transport
- ungünstige Herstellungsprozesse
- überhöhte Lagerhaltung
- unnötige Bewegung und
- Herstellung fehlerhafter Teile.

Diese klassischen Verschwendungsarten beziehen sich auf die Produktion von Sachgütern. Für die Sozialwirtschaft ist nicht nur der Sprachgebrauch ungewöhnlich. Hier handelt es sich um eine Branche mit personenbezogenen Dienstleistungen, in die solche produktionsspezifischen Verschwendungsarten nicht eins zu eins übernommen werden können. Die folgende Tabelle liefert daher eine branchenspezifische Anpassung und Ergänzung:

Verschwendungsart	Beispiele aus der Sozialwirtschaft
Wartezeiten	Klient erkrankt, der Wohnbereich hat den Therapeuten nicht informiert – Wartezeit auf den Klienten und zeitlicher Leerlauf.
Störungen des Informationstransfers	Die Übernahme der zuschlagspflichtigen Arbeitszeiten in die Gehaltsabrechnung funktioniert nicht zuverlässig.
Ablage- und Dokumentationsprobleme	Leistungsträgerbescheide sind nicht im gesicherten elektronischen Zugriff von zentraler Verwaltung und dezentraler Betreuung.
Ungeklärte Schnittstellen	Der Leistungsträger überweist eine gekürzte Summe, ohne den Grund für die Abweichung zu benennen.
Redundante Informationen	Der Aufnahmestatus der Klienten wird in einer Excel Tabelle geführt, nicht in der Fachsoftware, in der seine Basisdaten bereits gespeichert sind. Statistiken werden händisch geführt, nicht aus der Fachsoftware heraus abgerufen.
Medienbrüche	Dokumente werden ausgedruckt und in Aktenordnern abgelegt. In Excel erfasste Arbeitszeiten werden als Zeitnachweis ausgedruckt und zentral für die Zuschlagsberechnung und Führung des Arbeitszeitkontos neu erfasst.

Verschwendungsart	Beispiele aus der Sozialwirtschaft
Fehler und Nacharbeiten	Der Leistungsträger lehnt einen Höherstufungsantrag ab, weil eine Anlage nicht beiliegt. Reklamation an die interne IT-Abteilung: Beim neu gelieferten Smartphone funktioniert der Mailabruf nicht.

Abbildung 29: Übersicht und Beispiele von Verschwendungsarten

Praktische Erfahrungen zeigen, dass diese Verschwendungsarten in sozialwirtschaftlichen Prozessen sehr häufig zu finden sind, da Abläufe bislang nur selten unter dem Blickwinkel der Verschwendung betrachtet wurden. Trotz mancher Klagen über Ressourcenmangel wird in vielen Teilen der Branche offensichtlich noch keine starke wirtschaftliche Notwendigkeit dafür gesehen, derartige Schwachstellen zu beseitigen. In Segmenten wie der ambulanten Pflege, in denen der wirtschaftliche Druck deutlicher spürbar ist, wurden Prozesse bereits deutlich häufiger optimiert und sind besser und durchgängiger mit IT unterstützt.

3.5.3 Methodenübersicht zur Prozessoptimierung

Im Anschluss an die Ist-Erhebung erfolgt die Optimierung und Dokumentation in Form des **Soll-Modells**. Dies ist der zentrale Schritt des Geschäftsprozessmanagements, geht es hier doch darum, Schwachstellen und Verschwendung konsequent abzubauen, die Potenziale der Organisation und der IT-Nutzung auszuschöpfen und somit die Wertschöpfung der Prozesse zu steigern.

Die in den vorherigen Abschnitten vermittelte GPM-Methodik unterstützt die Prozessoptimierung durch die Dokumentation und Visualisierung der einzelnen Abläufe. Diese Werkzeuge ermöglichen gleichzeitig auch eine Bewertung von Prozessalternativen. Aus dem Qualitätsmanagement stehen vielfältige Methoden zur Problemanalyse und -lösung bereit, verschiedene Moderations- und Kreativitätsmethoden unterstützen bei der Lösungssuche.

Entsprechend der unterschiedlichen Optimierungsansätze hängt der in der Praxis einsetzbare Methodenmix von den Optimierungszielen und dem jeweiligen Gestaltungsbereich ab. So ist es etwa ein Unterschied, ob der Prozess der Aufnahme neuer Klienten im Rahmen der Einführung einer neuen IT-Lösung neu gestaltet wird oder ob die Tagesstruktur in einer stationären Einrichtung optimiert werden soll, was eine Kombination aus strukturellen und prozessorientierten Elementen darstellt.

Die **Prozessglättung** ist wohl die am häufigsten genutzte Methode in der Praxis der Sozialwirtschaft. Auch die mit der **IT-Einführung** verbundene Prozessoptimierung findet hohe Akzeptanz. Zu weitergehenden oder speziellen Optimierungsmethoden, unter anderem aus dem Qualitätsmanagement und den Kreativitätstechniken, finden sich in der folgenden Tabelle ein Überblick und entsprechende Literaturhinweise:

3 Methoden des Geschäftsprozessmanagements

Optimierungsmethode	Ansatz
Wertstromdesign	Analyse der Wertschöpfung über alle Produktionsstufen und Unternehmensgrenzen hinweg – vom Lieferanten über das Unternehmen bis zum Kunden. Durchlaufzeiten und Wertschöpfungsbeiträge sind wesentliche Aspekte. Die Methode kann im sozialwirtschaftlichen Leistungsdreieck (Klient – Leistungsträger – Leistungsanbieter) sehr erkenntnisreich wirken, würde in der Umsetzung aber politischen Gestaltungswillen voraussetzen. (s. Linder / Becker Peter 2010)
Ursachen-Wirkungs-Diagramm	Fischgräten-Diagramm oder Ishikawa-Diagramm. Visualisierung der Zusammenhänge von Problemursachen. (s. Theden 2013)
Total Cycle Time (TCT)	Reduktion der Zykluszeit (= Prozesszeit), die der Summe aller Prozesszeiten sämtlicher Teilprozesse, auch paralleler Teilprozesse entspricht. Zu beseitigende Barrieren: Sachbarrieren (product-oriented barriers), Prozessbarrieren (process barriers), Kulturbarrieren (cultural barriers) (s. Schmelzer / Sesselmann, S. 382)
5S oder 5A	Das 5S- oder 5A-Vorgehen ist eine Systematik zur schnellen Optimierung der Arbeitsumgebung bzw. des Arbeitsplatzes – also z. B. von Pflege- und Wohnbereichen. (s. Kroslid 2011)
7M-Methode	Prüfung der sieben wichtigsten Faktoren zur Prozessoptimierung: Mensch, Maschine, Material, Methode, Milieu/Mitwelt, Management, Messbarkeit. (s. Kroslid 2011)
Moderationstechniken, Kreativitätstechniken etc.	Das Repertoire dieser Techniken ist vielfältig und kann hier nur in Stichworten aufgelistet werden: Baumdiagramm, Blitzlicht, Brainstorming, Entscheidungsbaum, Fragetechniken, Kartenabfrage, Matrixdiagramm, Morphologischer Kasten, Nutzwertanalyse, Paretodiagramm, Punktbewertung, Rückkoppelung, Szenariotechnik, Tätigkeitenkataloge, Themenspeicher, Wertschöpfungsanalyse, Zielanalyse

Abbildung 30: Methodenübersicht zur Prozessoptimierung

3.5.4 Prozessglättung

Die Prozessglättung ist wohl der intuitivste Ansatz zur Prozessoptimierung. Hierbei werden Optimierungsmöglichkeiten ebenso wie neue Prozessvarianten diskutiert und bewertet.

In der Literatur (etwa Müller 2014, S. 63ff) ist der Begriff der Prozessglättung oft mit anderen Inhalten belegt. Für die Sozialwirtschaft erweist sich die hier dargestellte Interpretation als nützlich.

Folgende Liste benennt die in der Praxis genutzten Standard-Optimierungsmöglichkeiten für eine **Prozessglättung** und erklärt diese anhand branchenspezifischer Beispiele.

Optimierungsansatz	Ansatz und Beispiele aus der Sozialwirtschaft
Entbehrliche Prozessschritte entfernen	Statt interner Verteilung der Interessentendaten an Wohnen, Arbeiten und Medizin eine Ablage dieser Daten in der gemeinsamen IT-gestützten Interessentenakte.
	An Stelle manueller, zentraler Erfassung der Arbeitszeitnachweise aus den Einrichtungen eine Zeiterfassung im Selfservice der Dienstplan-Software einrichten.
Teilprozesse parallel ausführen	Das Umlaufverfahren zur Stellungnahme zu einem Interessenten in Wohnen, Arbeiten und Medizin durch einen parallelen Zugriff auf die gemeinsame Interessentenakte und parallele Erarbeitung der Stellungnahmen ersetzen.
Kontrollschritte abbauen	Abzeichnen ohne inhaltliche Auseinandersetzung mit dem Gegenstand auflösen, automatische Plausibilitätsprüfungen in der Software nutzen, z.B. für ein Überschreiten von Kontingenten an Betreuungseinheiten oder Arbeitszeiten.
Prozessschritte zusammenfassen	Möglichst homogene Prozessabschnitte ohne Verantwortungswechsel gestalten, Schnittstellen/Übergaben minimieren. Grenzen bestehen jedoch beim Abbau der Arbeitsteilung zwischen Fach- und Hilfskräften, examinierten und nicht-examinierten Kräften, welche zum Teil gesetzlich oder per Leistungsvertrag normiert ist. Verwaltungstätigkeiten können jedoch meist problemlos an einer zentralen oder dezentralen Stelle gebündelt werden, wenn die zur Bearbeitung notwendigen Informationen (IT-gestützt) dort bereitgestellt werden.
Unnötige Wege vermeiden	Wegzeiten im Tagesgeschäft – etwa in der stationären Pflege oder Betreuung – durch mobile elektronische Datenerfassung vermeiden. Optimierung der Arbeitsumgebung, etwa räumliche Nähe des Dienstzimmers oder des Erfassungsterminals gewährleisten.

Optimierungsansatz	Ansatz und Beispiele aus der Sozialwirtschaft
Durchlaufzeiten verkürzen	Möglichst abschließende Bearbeitung in einem Schritt, Wartezeiten und Flaschenhälse identifizieren und abbauen (s. dazu auch folgender Punkt).
Prozesssteuerung ermöglichen/optimieren	IT-gestützte Visualisierung des Prozessstatus: an welcher Stelle im Unternehmen „hängt" der Ablauf gerade? Transparenz für Steuerung durch statistische Auswertung der Durchlaufzeiten sicherstellen.

Abbildung 31: Standard-Optimierungsmöglichkeiten bei der Prozessglättung

Existieren in der Ist-Situation verschiedene Varianten eines Prozesses (vgl. Abschnitt 3.4), so gilt es zu prüfen, ob die Abweichungen mit unterschiedlichen Sachlagen – etwa Klientengruppen mit unterschiedlichen Bedarfen – begründet sind, oder ob die Varianten einfach nur historisch gewachsene Praktiken darstellen, für die es keine sachliche Begründung gibt. Sind die Varianten unbegründet, so sollte der jeweilige Prozess standardisiert werden. Dies führt zu einer höheren organisatorischen Robustheit mit weniger Anfälligkeit für Fehler. Bei einer anschließenden Fachsoftware-Einführung können damit auch erhebliche Kosten für eine jeweils einrichtungs- oder bereichsspezifische Anpassung des Programms vermieden werden.

Die Prozessglättung wird meist in Workshop-Form umgesetzt. Eine typische Agenda enthält die folgenden Punkte:

- Vorstellung des zu optimierenden Geschäftsprozesses im Ist-Zustand
- Sammlung der Optimierungspotenziale: Probleme, gemeinsame Kritik
- Ursachenanalyse: Was sind die Gründe für die Verschwendungen im Prozessablauf?
- Lösungssuche und skizzieren/modellieren von Lösungsalternativen
- Bewertung der Lösungsalternativen
- Entscheidung für die beste Variante
- Umsetzungsplanung, ggf. inklusive Anpassungsbedarf in der prozessunterstützenden Software

Da die Ist-Modellierung oft bereits drastisch die Schwachstellen der Prozesse vor Augen führt, besteht in aller Regel kein Mangel an Ideen zur Findung von Ideen zur Optimierung. Lediglich für IT-basierte Ansätze fehlt teilweise Wissen. Hier helfen etwa Besuche einschlägiger Fachmessen (z.B. ConSozial, Altenpflege) oder die Einladung ausgewählter Anbieter zu Präsentationen weiter, um praktisch erfahrbar zu machen, welche Möglichkeiten der Verbesserung zur modernen Fachsoftware bereits bietet.

3.5 Optimieren

> **Praxistipp**
>
> Die Besetzung der Optimierungs-Workshops sollte hierarchieübergreifend gewählt werden, denn Mitarbeiter mit verschiedenen Funktionen haben unterschiedliche Sichten auf die Prozesse und damit auch unterschiedliche Verbesserungsideen. Entscheidend ist eine ergebnisorientierte Moderation. Konkrete Lösungsalternativen sollten zunächst klar herausgearbeitet und erst im Anschluss bewertet werden.

Das nachfolgende Praxisbeispiel einer Prozessglättung zeigt die Optimierung der Abrechnungsvorbereitung in einer Einrichtung mit Frühförderung. Durch eine Zusammenführung von Tätigkeiten mithilfe eines intelligenten Einsatzes von IT konnte die Anzahl der Arbeitsschritte um rund 60 % und das Zeitvolumen um ca. 80 % reduziert werden. Die (auch durch weitere Prozessoptimierungen) bei den pädagogischen Mitarbeitern frei werdenden Ressourcen flossen in die direkte Klientenarbeit und generierten damit auch höhere Erlöse, die Entlastung in der dezentralen Verwaltung wurde zum Ausbau der telefonischen Erreichbarkeit genutzt und in der Zentrale wurde das Controlling verbessert.

3 Methoden des Geschäftsprozessmanagements

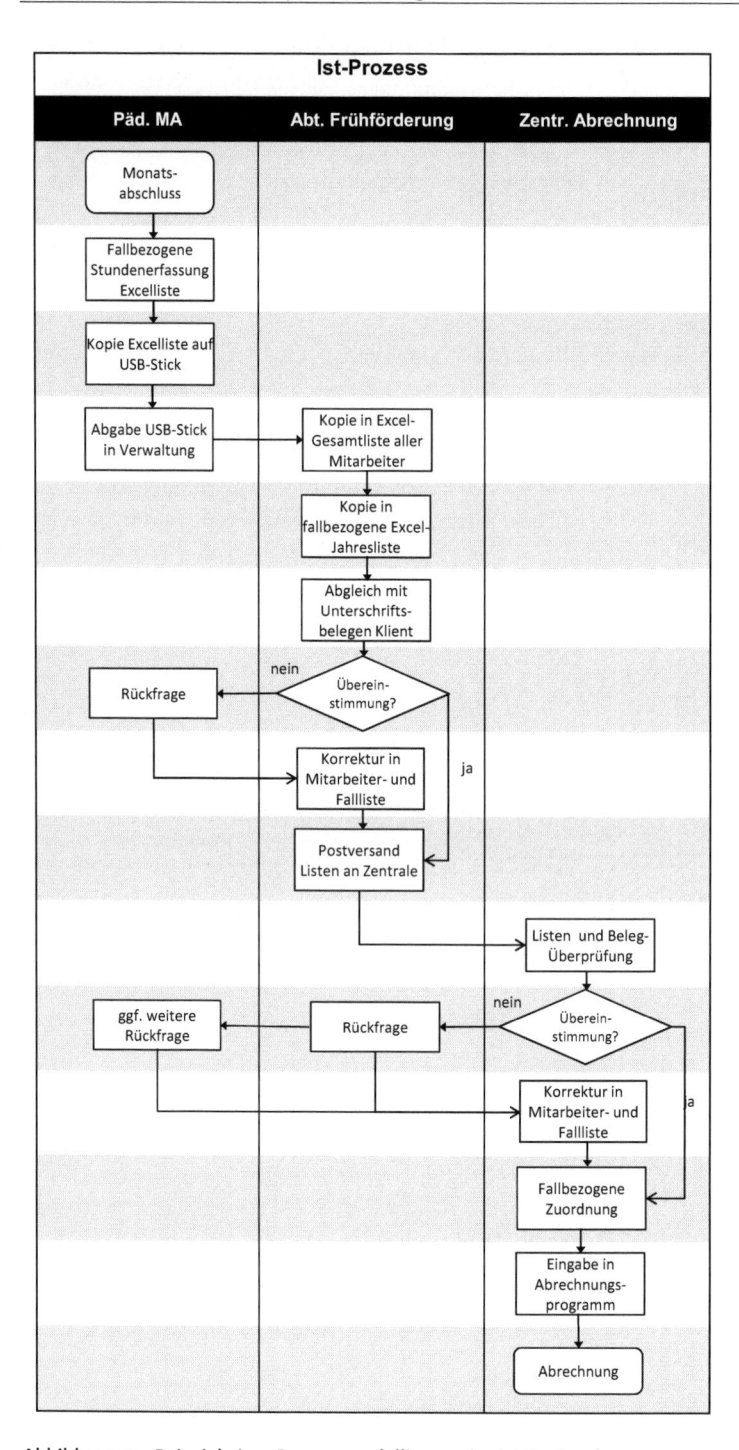

Ist-Prozess

Päd. MA	Abt. Frühförderung	Zentr. Abrechnung
Monatsabschluss		
Fallbezogene Stundenerfassung Excelliste		
Kopie Excelliste auf USB-Stick		
Abgabe USB-Stick in Verwaltung	Kopie in Excel-Gesamtliste aller Mitarbeiter	
	Kopie in fallbezogene Excel-Jahresliste	
	Abgleich mit Unterschriftsbelegen Klient	
Rückfrage ← nein	Übereinstimmung?	
	Korrektur in Mitarbeiter- und Fallliste ← ja	
	Postversand Listen an Zentrale	
		Listen und Beleg-Überprüfung
ggf. weitere Rückfrage	Rückfrage ← nein	Übereinstimmung?
		Korrektur in Mitarbeiter- und Fallliste ← ja
		Fallbezogene Zuordnung
		Eingabe in Abrechnungsprogramm
		Abrechnung

Abbildung 32: Beispiel einer Prozessmodellierung im Ist-Zustand

3.5 Optimieren

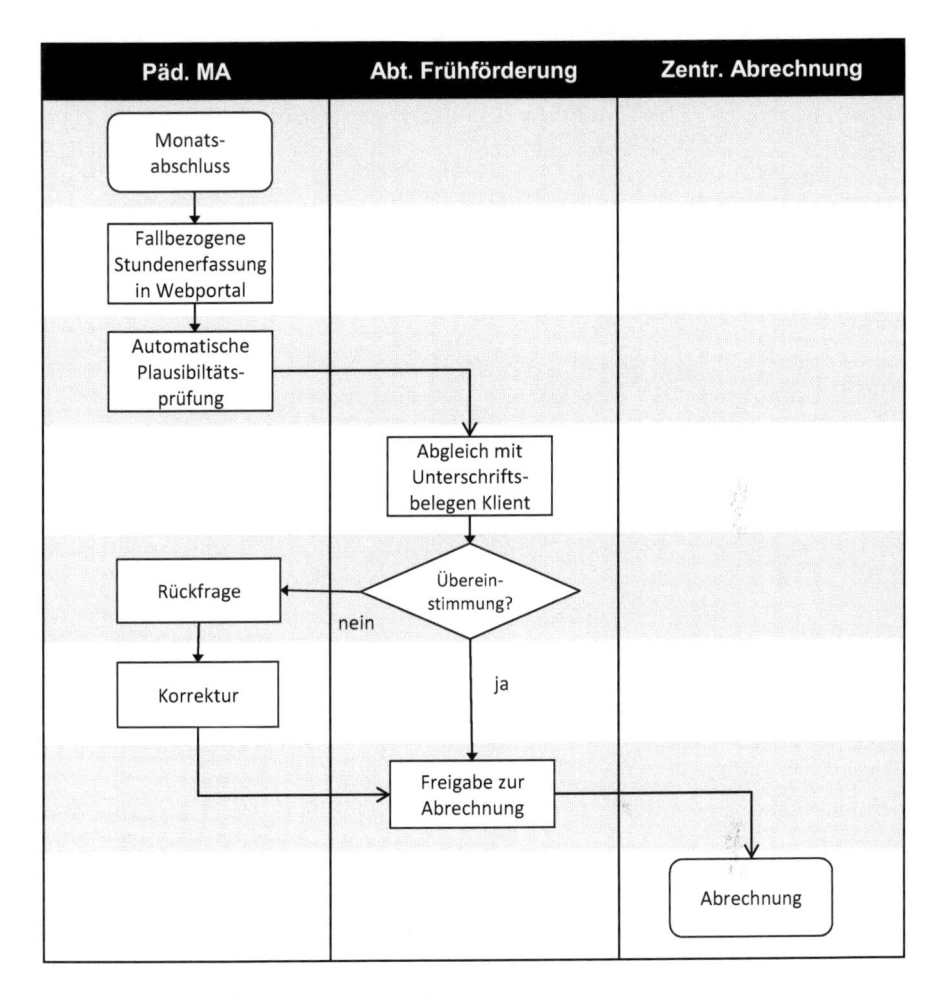

Abbildung 33: Beispiel nach einer Prozessglättung im Soll-Zustand

3.5.5 Prozessoptimierung und IT-Einsatz

Das Thema Prozessoptimierung und IT-Einsatz sorgt für engagierte Diskussionen, steile Thesen und beeindruckende Statements. Wir wollen hier auch nicht die Berichte zu spektakulär gescheiterten Prozess- und IT-Vorhaben verschweigen.

Die bekannteste, aber immer wieder kritisierte Studie zu gescheiterten IT-Projekten in Unternehmen weltweit ist der „Chaos-Report" der Standish Group, der seit 1994 IT-Projekte in Unternehmen in drei Klassen einteilt. In den Ergebnissen des Jahres 2012 wurden 39% der Projekte erfolgreich und 43% teilweise erfolgreich abgeschlossen. 18% der untersuchten Projekte sind dagegen gescheitert (vgl. The Standish Group 2013, S. 1).

Auch im sozialen Sektor gibt es, vor allem aus dem öffentlichen Bereich, immer wieder Berichte über spektakulär gescheiterte IT-Projekte. Dazu zählt etwa das Projekt „Basis

3000" der Neueinführung eines Systems zur Verwaltung von 275.000 Sozialhilfeempfängern in Berlin, das im Jahr 2004 abgebrochen wurde. Als jüngstes Beispiel dieser Art gilt das Projekt „JUS-IT" für die Sozial- und Jugendbehörde der Hansestadt Hamburg, das im Jahr 2015 nach sieben Jahren Dauer und Kosten von 112 Millionen Euro sein Ende fand.

Diese Negativ-Beispiele zeigen, dass insbesondere komplexe Projekte, die durch unterschiedliche Interessen zahlreicher Akteure geprägt sind, hohe Risiken in sich bergen. Auch in klassischen Organisationen der Sozialwirtschaft gibt es Fälle von gescheiterten Projekten. Viel häufiger ist jedoch, dass neue Software zwar eingeführt wird, ihre Potenziale letztendlich aber nur ansatzweise ausgeschöpft werden. Die Gründe dafür sind vielfältig, nicht selten spielt dabei neben mangelndem Anwenderwissen und schwacher Anwender-Unterstützung eine Unklarheit in der Prozessgestaltung sowie die mangelnde Passung von Prozessen und Funktionsangebote der Programme eine wesentliche Rolle.

Die Durchdringung der Fachbereiche mit IT ist in der Mehrzahl der sozialen Organisationen in den letzten Jahren deutlich gewachsen. In nahezu allen Einrichtungsteilen sind Endgeräte mit Netzwerkzugang verfügbar und die Ausstattung mit Smartphones und Tablets nimmt zu (vgl. Kreidenweis / Halfar 2014, S. 14). Heute existieren praktisch kaum noch Prozesse, in denen IT nicht in irgendeiner Form genutzt wird. Häufig stellt sich allerdings die Frage, ob die aktuellen Anwendungspraktiken wirklich prozessunterstützend sind oder nicht auch Merkmale von Verschwendung (s. Abschnitt 3.5.2) aufweisen. Wie in anderen Branchen längst üblich, ist es daher mittlerweile auch in der Sozialwirtschaft sinnvoll, Prozessoptimierung und IT-Einsatz parallel zu denken.

Ein häufig diskutiertes Thema ist die Reihenfolge: Müssten nicht zuerst Prozesse und Aufbauorganisation optimiert werden, bevor eine neue Software eingeführt werden kann? Dem Gedanken liegt die Vorstellung zu Grunde, dass eine hohe organisatorische Reife Stabilität und Ergebnisorientierung für die anstehende Softwareeinführung verspricht. Offen bleibt bei diesem Denkmodell, wie eine grundlegende Neugestaltung von Abläufen erfolgen soll, wenn die dazu notwendigen technischen Mittel noch gar nicht vorhanden sind. Ein Beispiel dafür ist die Planung und Einführung einer dezentralen Aufnahme unter Mitwirkung der zentralen Leistungsabrechnung, für die eine gemeinsame elektronische Interessentenakte als Informationsbasis benötigt wird. Oder wie soll eine zentrale Dokumentenvisite in der Pflege mit vertretbarem Aufwand umgesetzt werden, wenn für Pflegedokumentation noch kein zentraler elektronischer Zugriff existiert?

Ohne Frage ist **konzeptionelle Reife** ein wesentlicher Erfolgsfaktor für eine geglückte Softwareauswahl und erfolgreiche Softwareeinführung. In der sozialwirtschaftlichen Praxis sind uns Einführungsprojekte „Dienstplan" beggnet, die bei mittlerer Unternehmensgröße (ca. 1.000 Mitarbeiter) vier Jahre und länger dauerten. Hier liegt die Vermutung nahe, dass fachliche Konzepte, Prozessgestaltung, organisatorische Ent-

3.5 Optimieren

wicklung sowie betriebliche Vereinbarungen eher ungeplant im Projektverlauf aufkamen und improvisierend umgesetzt werden mussten.

> **Praxistipp**
>
> Die fachlich-konzeptionelle Neugestaltung etwa der Personalsteuerung, Hilfeplanung oder Dokumentation mit ihren jeweiligen rechtlichen und betrieblichen Aspekten ist vor der Software-Auswahl und Einführung unbedingt zu empfehlen. Die organisatorische Optimierung wird im dualen Projektansatz meist in gemeinsamer Gestaltung mit der IT-Einführung umgesetzt.

In diesem Zusammenhang stellt sich auch die Frage, ob die eigene Prozessmodellierung und -optimierung über **Referenzprozesse** der Softwareanbieter unterstützt werden kann. Diese Vorgehensweise ist in vielen Branchen der gewerblichen Wirtschaft seit Jahren gängige Praxis und kann grundsätzlich auch für die Sozialwirtschaft adaptiert werden. Bis dato ist den Autoren jedoch kein Branchensoftwareanbieter für die Sozialwirtschaft bekannt, der seinen Kunden ein umfassendes Set an ausgearbeiteten Referenzmodellen bereitstellt und die Softwareeinführung damit gestaltet.

Aus den modellierten Soll-Prozessen, die etwa aus einer Prozessglättung hervorgehen, können jedoch gezielt **Software-Anforderungen** abgeleitet werden. In der Sozialwirtschaft ist dies teilweise bereits geübte Praxis. Zwar lassen sich bei Weitem nicht alle Anforderungen aus dem Prozess ableiten – es sind ebenso viele konzeptionelle, rechtliche, fachliche und funktionale Anforderungen umzusetzen – aber die Anforderungen an Prozesssteuerung und Informationsflüsse in den Arbeitsabläufen werden auf diese Weise deutlich sichtbar. Auch Anforderungen an die Programmarchitektur können sich aus den Soll-Prozessen ergeben, wenn dort etwa eine mobile Informationsbereitstellung oder Dokumentation vorgesehen ist. Ebenso können anhand der erhobenen Mengengerüste die in Softwarepräsentationen über Use Cases näher zu betrachtenden Prozesse (vgl. Kapitel 5) ausgewählt werden.

Folgendes, durch eine entsprechende Spalte ergänztes Swimlane-Diagramm zeigt Beispiele für die Ableitung von Software-Anforderungen aus einem Soll-Prozess. Diese Anforderungen können anschließend in ein Lasten- bzw. Pflichtenheft (vgl. etwa Kreidenweis 2011, S. 172ff) übernommen werden.

3 Methoden des Geschäftsprozessmanagements

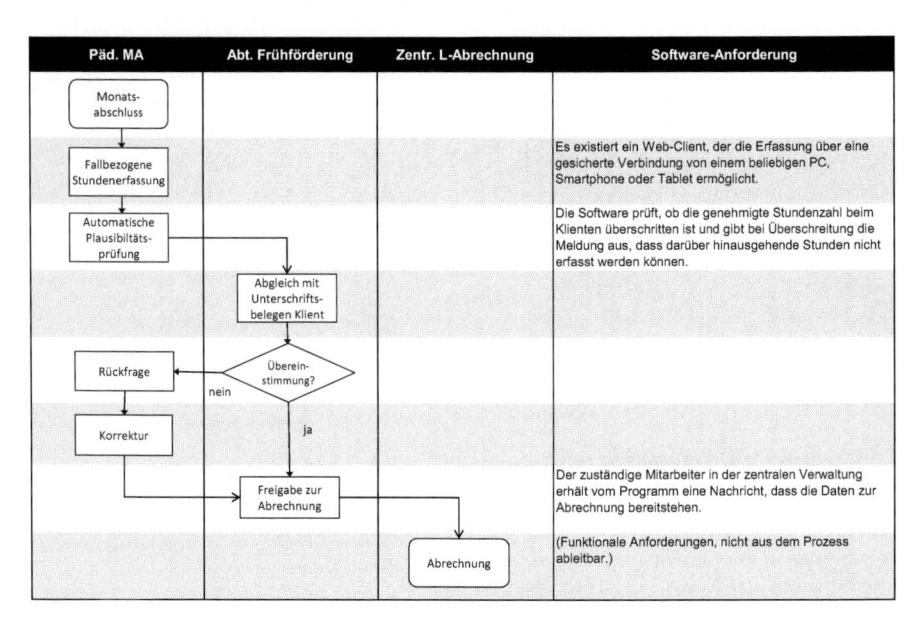

Abbildung 34: Beispiel einer Ableitung von Software-Anforderungen aus dem geglätteten Soll-Prozess

„Eine interessante Anforderung. Das haben wir in unserer Software so nicht umgesetzt. Gerne entwickeln wir das für Sie, entsprechend Ihrer Prozesse und Anforderungen." Viele gescheiterte Softwareprojekte sind mit derartigen Aussagen von Software-Anbietern ins Rennen gegangen. Dieser individuelle Entwicklungsansatz setzt voraus, dass die eigenen fachlichen Konzepte und Prozesse als Basis für eine gute Softwareunterstützung taugen und die Entwicklungsrisiken vom Anbieter geschultert werden können. Selbst wenn der Anbieter professionell entwickelt – in eine gute Standardsoftware sind die fachlichen und prozessualen Anforderungen zahlreicher Kunden eingegangen und wurden anschließend mit dem Know-how und der Handschrift des Standardsoftware-Anbieters realisiert. Diese Reife und Standardisierung ist Basis für eine dauerhaft leistungsfähige Standardsoftware, die auch Anregungen und Impulse für die eigene Prozessgestaltung bieten kann.

Auf einen Nenner gebracht: Die Summe aller Kundenwünsche ergibt noch keine gute Standardsoftware. Es bedarf vielmehr einer durchdachten Programmkonzeption und -architektur, in die die Anforderungen der einzelnen Kunden so integriert werden können, dass die innere Logik und Benutzerführung der Programme gewahrt bleibt.

3.5.6 Bezug zu Stellen und Aufbauorganisation

Mit der Prozessoptimierung werden Prozesse neu ausgerichtet, Prozessschritte verbessert oder eliminiert. Häufig werden auch Zuständigkeiten für Prozessschritte auf der Ebene des einzelnen Prozesses geändert. Im Swimlane-Diagramm werden dazu die Prozessschritte zwischen den Aufgabenträgern – den Schwimmbahnen – verschoben. Dies bedeutet aus aufbauorganisatorischer Sicht eine veränderte Aufgabenwahrnehmung in den Stellen. Dies entweder abteilungsintern, etwa durch Verlagerung der Hilfeplanung vom Begleitenden Dienst an die Fachkraft, oder zwischen den Abteilungen, etwa durch Umstieg von einer zentralen auf eine dezentrale Leistungsabrechnung.

Im strikt prozessorientierten Ansatz „structure follows process" wird der Ablauf aus fachlicher und wirtschaftlicher Sicht optimiert und die Konsequenzen daraus werden in der Rollen- bzw. Stellendefinition sowie in der Aufbauorganisation umgesetzt. Diese strikte Trennung und Abfolge wird in der Praxis natürlich meist nicht so konsequent realisiert. Die Erfahrung zeigt jedoch, dass etwa Zentral-Dezentral-Konflikte über das Prozessdesign häufig auf eine Sachebene gebracht werden können, die eine konstruktive Gestaltung ermöglicht. So monieren zentrale Stellen häufig, dass die Mitarbeiter vor Ort nicht zu einer konsistenten Erfassung von Leistungen oder Zeiten in der Lage seien und dies deshalb weiterhin zentral geschehen müsse. Will man nun die Prozesse etwa im Rahmen einer Software-Auswahl neu gestalten, so können in der Soll-Modellierung etwa entsprechende Plausibilitätsprüfungen oder eine optionale Prüfschleife für die Zentrale als Software-Anforderungen hinterlegt werden, die den Mitarbeitern in der Zentrale die notwendige Sicherheit für die Richtigkeit der Daten geben.

Praxistipp

Für die Prozessunterstützung mit Software werden aus den modellierten Soll-Prozessen prozesssteuernde und funktionale Anforderungen abgeleitet. Die Rollen im Prozessmodell geben Auskunft darüber, welche Veränderungen in der Organisationsstruktur notwendig sind und wie die Benutzerrechte in der Software später gestaltet werden müssen, um einen reibungslosen Prozessablauf zu gewährleisten.

3.5.7 Wirkungen, Nebenwirkungen und Optimierungskonflikte

Wird also mit der Prozessoptimierung alles besser? Aus der reinen Sicht des Geschäftsprozessmanagements schon. In der Praxis treten allerdings immer wieder teils branchenübergreifend typische, teils aber auch branchenspezifische **Optimierungskonflikte** auf.

Ein klassischer Konflikt besteht etwa zwischen der Orientierung der Prozesse an den Kundenbedürfnissen und deren Finanzierbarkeit und Wirtschaftlichkeit sowie den leistungsrechtlichen Grundlagen. Aus Kundensicht ist etwa die konsequente Minimierung der Ansprechpartner wünschenswert: alle Leistungen wären dann gegebenenfalls von Fachkräften zu erbringen, die Arbeitsteilung würde aufgehoben. Aus wirtschaftlicher Sicht würde damit jedoch ein Verschwendungsfall – und in der Regel auch ein Refinanzierungsproblem - vorliegen, weil die Fachkräfte auch zahlreiche Tätigkeiten ausüben würden, für die sie überqualifiziert sind.

Mit der Prozessoptimierung verändern sich häufig auch die **Aufgabenzuschnitte** der Stellen. Veränderte Aufgabenprofile können bei den Mitarbeitenden Begeisterung auslösen, weil nicht wertschöpfende Zeiten abgebaut werden und mehr Zeit für den Klientenkontakt zur Verfügung steht. Oft werden aber auch Veränderungsängste und Widerstände ausgelöst, die aufzunehmen und einer gemeinsamen Klärung zuzuführen sind. An dieser Stelle ist vor allem das Gespür Leitungskräfte gefordert, denn viele Mitarbeiter werden ihre Ängste zunächst hinter vermeintlichen Sachargumenten wie Datenschutz oder Hardware-Ausfällen verstecken.

Mit einem optimalen IT-Einsatz können viele Standardaufgaben in Prozessen vollständig oder teilweise automatisiert werden. Damit verbunden sind aber auch steigende Anforderungen an die verbleibenden Aufgaben. Während ein Fehler bei der manuellen Berechnung von Zeitzuschlägen lediglich eine einzelne Abrechnung betrifft, sind bei einer Veränderung der Berechnungsoptionen in einer Dienstplan-Software gegebenenfalls die Abrechnungen für hunderte von Mitarbeitern betroffen. Auch diese Aspekte setzten der Prozessoptimierung Grenzen und sind eine Herausforderung für die verantwortlichen Führungskräfte.

Prozessoptimierungen in sozialen Organisationen führen häufig zu Zeitspareffekten, die sich auf viele Köpfe im Unternehmen verteilen und daher nicht unmittelbar abgeschöpft werden können. Es gibt jedoch auch die Möglichkeit, dass Stellen ganz oder teilweise nicht mehr benötigt werden. Dies wirft die Frage auf, wie mit den bisherigen Stelleninhabern verfahren werden soll. Damit verbunden sind ethische und praktische Themen der Unternehmenskultur sowie der Ziele von GPM- und IT-Projekten, die nur organisationsindividuell beantwortbar sind.

Generell bietet sich an Stelle einer Entlassung die Reduzierung des Stundenumfangs, die Zusatz- oder Neuqualifizierung sowie die Nicht-Wiederbesetzung der durch natürliche Fluktuation frei werdenden Stellen an. Eine andere Variante ist die Entscheidung für eine Entschleunigung im Kerngeschäft, die mehr Zeit für die direkte Arbeit mit den Klienten schafft. In der Praxis wird häufig ein Mix aus den genannten Maßnahmen gewählt, der auf Basis der Unternehmenskultur sowohl die wirtschaftlichen Erfordernisse als auch die Interessen der Klienten und Mitarbeiter berücksichtigt.

Literatur zum Kapitel

Kamiske, Gerd F. / Brauer, Jörg-Peter: ABC des Qualitätsmanagements. München 2012.
Kingman-Brundage, Jane: The ABC's of Service System Blueprinting. In: Bitner, Mary Jo / L. A. Crosby, (Hrsg.): Designing a Winning Service Strategy. Chicago 1989, S. 30-33.
Kreidenweis, Helmut / Halfar, Bernd: IT-Report für die Sozialwirtschaft 2014. Eichstätt 2014.
Kreidenweis, Helmut: IT-Handbuch für die Sozialwirtschaft. Baden-Baden 2011.
Kroslid, Dag: 5S - Prozesse und Arbeitsumgebung optimieren. München 2011.
Linder, Alexandra / Becker, Peter: Wertstromdesign. München 2010.
Müller, Andreas: Die Prozessorientierung im Unternehmen. Hamburg 2014.
Schmelzer, J. Hermann / Sesselmann, Wolfgang: Geschäftsprozessmanagement in der Praxis. München 2010.
The Standish Group: Chaos Manifesto. o.O. 2013.
Theden, Hubertus C. P.: Qualitätstechniken: Werkzeuge zur Problemlösung und ständigen Verbesserung. München 2013.

4 Organisation des Geschäftsprozessmanagements

4.1 Organisatorische Herausforderungen

Zum Einstieg in das Thema ist die Wahl der angemessenen Methodik zu Prozesserhebung und -optimierung eine wichtige Herausforderung für die Etablierung eines wirksamen Geschäftsprozessmanagements. In den folgenden Abschnitten geht es nun um die Frage, wie entsprechende Projekte und der laufende Betrieb in Einrichtungen und Verbänden der Sozialwirtschaft organisiert werden können, damit Veränderungen wirksam umgesetzt werden können und die Entwicklung zur prozessbewussten Organisation realisiert werden kann.

Zwei wesentliche Organisationsthemen sind also zu gestalten:

- Wie werden **GPM-Projekte** auf- und umgesetzt?
  Wesentliche Erfolgsfaktoren, Vorgehensweisen und praktische Erfahrungen.
- Wie wird das Geschäftsprozessmanagement im **laufenden Betrieb** verankert?
  Organisatorische Varianten einschließlich der Implementierung im Qualitätsmanagementsystem

4.2 Projekte des Geschäftsprozessmanagements

GPM-Projekte haben prozessgestaltende Zielsetzungen. Die in der Tradition des Qualitätsmanagements innerhalb der Sozialwirtschaft umgesetzten GPM-Vorhaben beschränkten sich überwiegend auf die klassischen Optimierungsansätze etwa im Bereich der Zuständigkeiten, ohne jedoch das Potenzial leistungsfähiger Branchensoftware zu nutzen. Vielfach wurden Formulare standardisiert, mit Office-Programmen erstellt und über Netzlaufwerke oder ein Intranet bereitgestellt.

Mit der wachsenden IT-Durchdringung der Sozialwirtschaft werden Prozessoptimierungen ohne engen IT-Bezug seltener werden. Die nächsten beiden Abschnitte unterscheiden deshalb zwei Komplexitätsstufen in Abhängigkeit von der Eignung der eingesetzten IT-Anwendungssysteme:

- Prozessoptimierung mit bestehenden IT-Anwendungssystemen
- Prozessoptimierung und Neuausrichtung der IT-Anwendungssysteme

Aus Sicht des Geschäftsprozessmanagements sind an die methodische Ebene des Projektmanagements keine spezifischen Anforderungen zu stellen. Als Literatur zu den Themen Projektplanung und -steuerung sowie Projektorganisation kann empfohlen werden:

- Hemmrich, Angela / Harrant Horst: Projektmanagement. In 7 Schritten zum Erfolg. München 2011 (Hanser Pocket Power)
- Kuster, Jürg u.a.: Handbuch Projektmanagement. Heidelberg 2011 (Springer)
- Tiemeyer, Ernst: Projekte erfolgreich managen. Methoden, Instrumente, Erfahrungen. Weinheim/Basel 2002 (Beltz)

4.2.1 GPM-Projekte mit bestehenden IT-Anwendungssystemen

Die Ausgangssituation für diesen Projekttyp ist, dass die aktuell eingesetzten IT-Anwendungssysteme ihre Funktion weitestgehend erfüllen und die Entwicklungsperspek-

4 Organisation des Geschäftsprozessmanagements

tive von Produkt und Anbieter positiv eingeschätzt wird. Im GPM-Projekt sollen also die Geschäftsprozesse erhoben und optimiert werden, ohne dass die Anwendungssysteme grundlegend in Frage gestellt werden. Für diese Projekte hat sich die folgende Projektstruktur bewährt:

Projektphase	Arbeitspakete
Projektstart	■ Projektziele klären und vereinbaren ■ Rahmenprojektplanung erstellen und Projektstrukturen einrichten
Konzeption und Prozessoptimierung	■ Modellierungsmethodik vereinbaren ■ Prozesse identifizieren ■ Prozesse selektieren und priorisieren ■ Prozesse modellieren ■ Prozesse bewerten und unter Berücksichtigung der Möglichkeiten der vorhandenen Software optimieren ■ Projektierung des folgenden Projektabschnitts
Realisierung	■ Anpassung (Customizing) der Software entsprechend der optimierten Prozesse, gegebenenfalls unter Einbezug des Anbieters ■ Pilotanwendung in ausgewählten Einrichtungsteilen ■ Evaluation und Überarbeitung des Customizings und gegebenenfalls der Soll-Prozesse ■ Schulung/Information und Rollout auf die gesamte Einrichtung ■ Projektabschluss mit Evaluation der Projektziele

Abbildung 35: Typische Phasen von GPM-Projekten mit bestehenden IT-Anwendungssystemen

Die praktische Ausgestaltung der Optimierungs- und Realisierungsphase hängt stark davon ab, wie weit die Optimierungsmöglichkeiten im Rahmen der vorhandenen Software reichen. Stellt man etwa im Projektverlauf fest, dass hier sehr viele Restriktionen existieren, welche die Prozessoptimierung stark behindern, so kann dies auch in eine Software-Neuauswahl münden, wie sie im folgenden Abschnitt beschrieben ist.

4.2.2 Prozessoptimierung und Neuausrichtung der IT-Anwendungssysteme

Projekte dieser Art mit dualer Zielsetzung bringen eine deutlich höhere Projektlast und Komplexität mit sich, ebenso höhere Projektbudgets und deutlich höhere Realisierungsrisiken.

4.2 Projekte des Geschäftsprozessmanagements

Für den unternehmensspezifischen Projektansatz müssen zwangsläufig einige strategische Fragen beantwortet werden:

- Architektur des zukünftigen Anwendungsportfolios: welche Systeme stehen zur Disposition und welche sollen beibehalten werden? Welche Schnittstellen und Abhängigkeiten bestehen?
- Welche Geschäftsbereiche mit welchen Leistungsangeboten werden einbezogen? Kann bzw. soll das Projekt zeitlich und personell entzerrt werden, in dem Geschäftsbereiche nacheinander angegangen werden?
- Müssen die IT-Infrastruktur (Hardware, Netzwerke etc.) und IT-Organisation (interne Hotline, Schulung, Anwenderbetreuung etc.) für das Vorhaben weiterentwickelt werden?

Liegt eine IT-Strategie vor (vgl. etwa Kreidenweis 2011, S. 82ff), ist ein Rahmen dafür gesetzt und die Strategie muss entsprechend der Erfordernisse, die sich aus dem Projekt ergeben, weiter entwickelt werden. Gibt es keine IT-Strategie, müssen diese strategischen Fragen in einer ersten Projektphase pragmatisch konkretisiert und beantwortet werden.

Trotz ihrer hohen Komplexität sollten duale GPM- und IT-Projekte in der Regel nicht länger als zwei Jahre dauern. Denn Akzeptanz und Motivation der Beteiligten sinken mit der Dauer eines Projektes häufig, wenn sich der erlebbare Nutzen erst am Ende der Laufzeit einstellt. Zur Begrenzung der Laufzeit und Komplexität ist es möglich, die (Teil-)Projekte in den Geschäftsfeldern zu entzerren, also beispielsweise zuerst den Bereich Jugendhilfe und erst anschließend den Bereich Behindertenhilfe anzugehen. Eine Herausforderung stellen dabei oft gemeinsam genutzte zentrale IT-Anwendungssysteme, vor allem im Rechnungs- und Personalwesen dar. Hier müssen teilweise suboptimale Übergangslösungen in Kauf genommen werden.

Die Gestaltung der Vorgehensweise stellt eine strategische Entscheidung dar, die entweder bereits in der IT-Strategie grundgelegt ist, oder in der Lenkungsebene des Projektes gefällt werden muss. Die Einführung der fachlichen Anwendungskomponenten Klientenverwaltung und -abrechnung sowie Hilfeplanung und -dokumentation sollten dabei immer direkt aufeinander folgen. Die Einführung der Dienstplanung oder kleinerer Fachsysteme für Diagnostik etc. kann gegebenenfalls davon getrennt werden, um die Organisation nicht zu überfordern.

4 Organisation des Geschäftsprozessmanagements

Für die Projektierung der dualen Projekte hat sich die folgende Projektstruktur bewährt:

Projektphase	Arbeitspakete
Projektstart	▪ Projektziele klären und vereinbaren ▪ Falls keine IT-Strategie: strategische Fragen klären ▪ Rahmenprojektplanung erstellen und Projektstrukturen einrichten
Konzeption und Prozessoptimierung	▪ Fachlich-konzeptionelle Fragen klären (Neue Leistungsangebote, Weiterentwicklung Hilfeplanung und –dokumentation, Arbeitsteilung zentral-dezentral etc.) ▪ Projektrelevante Prozesse im Ist erheben (wenn noch nicht geleistet) ▪ Prozesse im Soll unter Berücksichtigung des Optimierungspotenzials zeitgemäßer IT-Lösungen gestalten ▪ Projektierung des folgenden Projektabschnitts
Software-Auswahl	▪ Erstellung der Lastenhefte mit Anforderungen aus den optimierten Geschäftsprozessen, funktionalen und konzeptionelle Anforderungen der Fachlichkeit sowie internen und externen administrativen Erfordernissen ▪ Ausschreibung an relevante Software-Anbieter ▪ Auswertung der Rückläufe und Anbieter-Vorauswahl ▪ Workshops mit ausgewählten Anbietern zur Präsentation von Soll-Prozessen in Form von Use Cases ▪ Ergebnisbewertung und Entscheidungsfindung ▪ Projektierung des folgenden Projektabschnitts
Realisierung	▪ Customizing entsprechend der fachlichen Konzepte, der neuen Prozesse und funktionalen Anforderungen ▪ Pilotierung und Schulung der Multiplikatoren ▪ Evaluation und Überarbeitung des Customizings und gegebenenfalls der Soll-Prozesse ▪ Schulung und unternehmensweites Rollout ▪ Projektabschluss mit Evaluation der Projektziele

Abbildung 36: Typische Phasen von GPM-Projekten mit Neuausrichtung der IT-Anwendungssysteme

Die Methoden zur Prozesserhebung und –optimierung sind im Kapitel 3 dargestellt. Methoden zur Vorgehensweise bei Auswahl und Einführung von Software finden sich in: Kreidenweis, Helmut: IT-Handbuch für die Sozialwirtschaft. Baden-Baden 2011 (Nomos).

4.3 GPM-Organisation im Unternehmen

> **Praxistipp**
>
> Damit die beteiligten Mitarbeiter im Projekt eine Vorstellung davon bekommen, was moderne Software-Lösungen leisten und entsprechende Anforderungen formulieren können, ist es sinnvoll, zu Projektbeginn einschlägige Fachmessen zu besuchen, Referenzanwender zu konsultieren oder ausgewählte Anbieter zu Präsentationen einzuladen. Ebenso kann hier das Knowhow branchenkundiger Berater genutzt werden.

4.3 GPM-Organisation im Unternehmen

GPM-Projekte erfolgreich umzusetzen, ist sicherlich eine große Herausforderung für viele sozialwirtschaftliche Unternehmen. Doch es gilt: Nach dem Projekt ist vor dem laufenden Betrieb. Dabei geht es im Kern um die Frage, wie eine prozessbewusste Unternehmenskultur geschaffen und erhalten werden kann.

Voraussetzung für die dauerhafte Etablierung einer prozessbewussten Unternehmenskultur sind wahrnehmbare Erfolge aus den GPM-Projekten. Wurden tatsächliche Erfolge erzielt, so muss auch ihre Wahrnehmung im Unternehmen aktiv gestaltet werden. Dies kann etwa dadurch geschehen, dass die konkreten Veränderungen und Verbesserung in internen Medien (Intranet, Mitarbeiterzeitung etc.) sowie persönlich in Leitungsrunden und Mitarbeiterversammlungen kommuniziert werden. Originalaussagen überzeugter Mitarbeiter machen dabei abstrakte Darstellungen konkret erfahrbar.

4.3.1 Prozess- und Liniensicht

Neue Rollen zur dauerhaften Organisation des Prozessmanagements haben bereits Hammer und Champy (1994) in ihrem Rollenkonzept eingeführt: Leader, Process Owner, Reengineering-Team und – ja, tatsächlich – Reengineering-Zar.

Die neuere GPM-Literatur (etwa Schmelzer / Sesselmann 2010, S. 153ff, Fischermanns 2012, S. 440ff) schlägt zur dauerhaften Verankerung der Prozessorientierung einerseits GPM-Spezialisten zur Gestaltung und Optimierung und andererseits eine neue Rolle zur Sicherung der Prozesssicht vor. In unterschiedlichen inhaltlichen Belegungen finden sich Process Owner, Prozesseigentümer, Prozessverantwortliche etc. teilweise als synonyme Rollen, teilweise mit unterschiedlichen Aufgaben. Ihre inhaltliche Ausgestaltung variiert in der Spannbreite vom Beauftragten ohne Entscheidungskompetenz über die prozessbezogene Entscheidungskompetenz bis hin zur Führung der im Prozess beteiligten Mitarbeiter.

Die Führung der im Prozess beteiligten Mitarbeiter durch den Prozesseigentümer (s. Wikipedia, „Prozesseigner", abgerufen am 30.07.2015) würde die Linienorganisation auflösen – dies wäre in den wesentlichen Geschäftsfeldern der Sozialwirtschaft kaum vorstellbar.

Die primäre Herausforderung ist an dieser Stelle die organisatorische Gestaltung im Spannungsfeld zwischen liniengeprägten Eigeninteressen und den prozessorientierten Interessen, die sich aus Kundenorientierung, Wertschöpfung und flüssiger Prozessgestaltung heraus speisen. Die folgenden Varianten zur Umsetzung in sozialwirtschaftlichen Organisationen sind denkbar. Die Auswahl einer konkreten Variante hängt von zahlreichen Faktoren wie der Unternehmensstruktur (Holding, Linienorganisation etc.), oder der Ausprägung und personellen Besetzung des Qualitäts- und IT-Managements ab und muss organisationsindividuell entschieden werden.

- **Prozessbeauftragter** als typischer (Querschnittsthemen-)Beauftragter in Form einer Stabsstelle ohne Entscheidungskompetenz
- **Prozessverantwortlicher** als Zusatzrolle bei einem Linienverantwortlichen (z.B. Bereichsleitung Altenhilfe, Einrichtungsleitung stationäres Wohnen) mit prozessbezogener Entscheidungskompetenz
- In das **Qualitätsmanagement** integrierte Prozessgestaltung, umgesetzt im jeweiligen QM-Ansatz (TQM, EFQM, KVP etc.)
- In zentraler Form als **Verknüpfung von Qualitätsmanagement und IT-Management**, die zu einer Stabs- oder Linien-Abteilung „Prozesse und IT" zusammengeführt werden.

Die Varianten sind vielfältig, die praktische Erfahrung zeigt, dass betriebliche Umsetzung stark von der Prozess- und Organisationsreife, dem QM-Ansatz und den anstehenden Vorhaben geprägt ist. Nicht zuletzt sind es schließlich die jeweils handelnden Personen mit ihren Kompetenzen und Affinitäten, die Gestaltungsmöglichkeiten eröffnen oder begrenzen.

Eine Reihe von Vorteilen und Chancen, Nachteilen und Risiken dieser Varianten sind in der folgenden Tabelle dargestellt. In jeder Organisation wird es darüber hinaus noch spezifische Pro- und Contra-Argumente geben.

Variante	Vorteile/Chancen	Nachteile/Risiken
Prozessbeauftragter	■ Chance zum Aufbau konzentrierten Prozess-Knowhows ■ Unternehmensweite Wirkung	■ Aufblähung des zentralen Apparats und der Overhead-Kosten ■ Mangelnder Praxisbezug, geringe Akzeptanz und Wirkung (typische Probleme von Stabsfunktionen)
Prozessverantwortlicher als Zusatzrolle	■ Keine zusätzlichen Overhead-Kosten ■ Große Nähe zu den täglichen Prozessabläufen ■ Hohe Umsetzungsmotivation aus direkter Betroffenheit	■ Begrenzte Möglichkeit zum Aufbau von Prozess-Knowhow ■ Begrenzte Zeitressourcen ■ GPM-Ansätze werden vom Tagesgeschäft verdrängt ■ Abhängigkeit von persönlichem Engagement der Leitungskräfte

4.3 GPM-Organisation im Unternehmen

Variante	Vorteile/Chancen	Nachteile/Risiken
Integration in das Qualitätsmanagement	■ Keine zusätzlichen Overhead-Kosten ■ Thematische Nähe ■ Guter Überblick über das betriebliche Geschehen durch QM-Tätigkeit vorhanden ■ „Natürliche" thematische Weiterentwicklung im QM	■ GPM-Ansätze finden neben dem klassischen QM wenig Raum ■ Akzeptanzprobleme des QM wirken auch im GPM ■ IT-Potenziale werden ungenügend integriert
Verknüpfung von Qualitätsmanagement und IT-Management	■ Entstehen einer neuen Dynamik im Unternehmen durch integrierte Sichtweise dreier Themen ■ Hohe Integration der IT-Potenziale	■ Zusammenführung einer Stabsfunktion (QM) mit einer Linienfunktion (IT) ■ Zentralisierung von Knowhow und Verantwortlichkeiten ■ Passivität dezentraler Führungskräfte (geringe Übernahme von Verantwortung für eigene IT- und Prozessthemen)

Abbildung 37: Vorteile und Chancen, Nachteile und Risiken verschiedener Varianten der organisatorischen Gestaltung von Verantwortung für das Geschäftsprozessmanagement

4.3.2 Prozesscontrolling

Das Prozesscontrolling beantwortet die Frage, ob die Ziele, die sich eine Organisation mit der Prozessoptimierung gesetzt hat, auch erreicht werden. Im Abschnitt 1.4 wurden die grundlegenden Ziele „Kosten senken", „Laufzeit reduzieren" und „Qualität steigern" benannt, die für die jeweiligen Projekte konkretisiert werden müssen.

Bei der Bewertung des Nutzens von Prozessoptimierungen können in Anlehnung an Greilling und Marschner 2007 folgende Dimensionen unterschieden werden:

	Monetär bewertbar	Nicht monetär bewertbar
Quantifizierbar	■ Bearbeitungszeit verkürzen ■ Überstunden abbauen ■ Leistungen vollständig erfassen	■ Anfragen schneller beantworten ■ Mitarbeiter- und Kundenzufriedenheit steigern ■ Termine besser einhalten
Nicht quantifizierbar		■ Image bei Partnern verbessern ■ Dokumentationsqualität erhöhen ■ Neue Angebotsformen reibungsloser realisieren

Abbildung 38: Nutzensdimensionen der Prozessoptimierung

Nach dem Grundsatz „miss es, oder vergiss es" erfasst das Controlling generell nur solche Effekte, die quantifizierbar sind und das Finanzcontrolling nur solche, die monetär bewertbar sind. Die monetär bewertbaren Effekte können vielfach aus (guten) Software-Lösungen für Finanzbuchhaltung, Kostenrechnung, Dienstplanung oder Klientenverwaltung extrahiert werden. Um die quantifizierbaren, aber nicht monetär bewertbaren Effekte zu erfassen, ist häufig zusätzlicher Aufwand wie etwa die Durchführung von Befragungen notwendig.

Will man die Effekte eines dualen GPM- oder GPM- und IT-Projektes messen, so ist dies ein sehr aufwändiges Unterfangen, da zunächst die Ist-Prozesse und anschließend die realisierten Soll-Prozesse hinsichtlich der genannten Dimensionen untersucht und miteinander verglichen werden müssten (vgl. dazu Kreidenweis 2015).

Hat man mit den Ist-Prozessen Zeitschätzungen erhoben (vgl. Kapitel 3), so können diese zumindest stichprobenartig mit einer zweiten Zeitschätzung nach Etablierung der Soll-Prozesse vergleichen werden, um Wirkungen in der Dimension „Kosten" durch Reduzierung des Zeitaufwandes erkennen, oder weitere Verbesserungsbedarfe identifizieren zu können. Qualitative Verbesserungen könnten in Workshops mit den Prozessbeteiligten evaluiert werden.

Die zentrale Herausforderung des Prozesscontrollings besteht jedoch in einem **dauerhaften Monitoring** der Prozesse, ohne dafür einen unangemessen hohen Aufwand zu treiben. Da die Erfahrungen mit Prozessmanagement in der Sozialwirtschaft noch eher kurz und gering ausgeprägt sind und in vielen Organisationen jenseits des Finanzbereichs noch keine ausgeprägte Controllingkultur herrscht, wollen wir uns hier auf einige wenige Aspekte beschränken.

Ein auch in anderen Branchen gängiges Instrument des Prozesscontrollings sind **Prozesskennzahlen**. Dabei handelt es sich um zahlenbasierte Werte, die in verdichteter Form eine steuerungsrelevante Auskunft über einen betrieblichen Tatbestand geben.

Unterschieden werden dabei absolute und Verhältnis-Kennzahlen (vgl. Halfar / Moos / Schellberg 2014, S. 36ff).

Bei der Definition geeigneter Kennzahlen besteht die praktische Herausforderung darin, Werte zu finden, die das ausdrücken, was man messen möchte, mit geringstmöglichem Aufwand ermittelbar sind und konkrete Ansatzpunkte für Veränderungsbedarfe liefern.

Hier eine beispielhafte Zusammenstellung möglicher Prozesskennzahlen, die zum großen Teil grundsätzlich aus in der Sozialwirtschaft üblichen IT-Systemen auslesbar sind:

Dimension Laufzeit

- Durchschnittliche Dauer von der Anfrage eines Klienten, Angehörigen oder Zuweisern bis zur verbindlichen Antwort
- Durchschnittliche Dauer eines Aufnahmeprozesses im stationären Wohnen
- Durchschnittliche Dauer der Überleitung in der Werkstatt vom Berufsbildungs- zum Beschäftigungsbereich
- Durchschnittlicher Zeitraum zwischen dem Abschluss der Leistungserfassung bis zum Ausgang der Rechnungen an die Leistungsträger

Dimension Kosten

- Anteil der nicht abrechenbaren Arbeitszeiten an der Gesamtarbeitszeit pädagogischer Fachkräfte in der Frühförderung
- Anteil der nicht genehmigten Höherstufungsanträge an die Kostenträger

Dimension Qualität

- Anzahl der Rückfragen aus der Leistungsabrechnung an die Fachabteilungen zur Leistungserfassung oder zur Kassenführung
- Anzahl der Rückfragen aus der Personalabteilung an die Dienstplanverantwortlichen zur Arbeitszeit- und Zuschlagsberechnung

Einzelne Kennzahlen bilden jeweils nur einen kleinen Ausschnitt der Wirklichkeit ab. Aussagekräftig ist meist erst ein Set von Kennzahlen, das das betriebliche Geschehen in einem breiteren Blick erfasst. Doch auch dabei ergibt sich ein Problem: Oft ist zunächst nur schwer beurteilbar, ob die jeweilige Kennzahl nun „gut" oder „schlecht" ist. An dieser Stelle würde ein Prozess-Benchmarking, also der gezielte Vergleich mit den Prozessen in anderen sozialen Organisationen weiter helfen. Angesichts der derzeitigen Prozessreife der Branche, mangelnder IT-basierter Auswertungsmöglichkeiten und der verbreiteten Heterogenität der Prozesse sind die Realisierungschancen dafür auf absehbare Zeit wohl gering ausgeprägt.

Trägerintern kann jedoch ein Zeitreihenvergleich der Kennzahlen oder ein Vergleich zwischen einzelnen Organisationseinheiten des gleichem Arbeitsfeldes (etwa mehrere stationäre Altenhilfe-Einrichtungen) wertvolle Erkenntnisse liefern.-

Jenseits solcher Kennzahlen-Systeme gibt es jedoch noch eine weitere, völlig informelle Ebene eines Controllings: Mitarbeiter und Leitungskräfte entwickeln in einer zuneh-

4 Organisation des Geschäftsprozessmanagements

mend prozessbewussten Organisation ein „Radar" für Ineffizienzen oder Qualitätsprobleme in Prozessen und besprechen diese mit dem zuständigen Verantwortlichen. Gemeinsam werden dann Maßnahmen geplant, den betreffenden Prozess zu verbessern.

Literatur zum Kapitel

Fischermanns, Guido: Praxishandbuch Prozessmanagement. Wettenberg 2012.

Greiling, Michael / Marschner, Christian: Nutzeneffekte von Prozessoptimierungen. Kulmbach 2007.

Halfar, Bernd / Moos, Gabriele / Schellberg, Klaus: Controlling in der Sozialwirtschaft. Baden-Baden 2014.

Hammer, Michael / Champy, James: Business reengineering: die Radikalkur für das Unternehmen. Frankfurt/Main 1994.

Hemmrich, Angela / Harrant Horst: Projektmanagement. In 7 Schritten zum Erfolg. München 2011

Kreidenweis, Helmut: Branchensoftware: Prozesse verbessern, Wirkung steigern. In: Sozialwirtschaft Nr. 4/2015, S. 20-23.

Kreidenweis, Helmut: IT-Handbuch für die Sozialwirtschaft. Baden-Baden 2011.

Kuster, Jürg u.a.: Handbuch Projektmanagement. Heidelberg 2011.

Schmelzer, J. Hermann / Sesselmann, Wolfgang: Geschäftsprozessmanagement in der Praxis. München 2010.

Tiemeyer, Ernst: Projekte erfolgreich managen. Methoden, Instrumente, Erfahrungen. Weinheim/Basel 2002.

5 Prozessunterstützung mit IT

Im Abschnitt 4.2 wurden die Möglichkeiten einer Prozessoptimierung unter Nutzung von IT-Systemen aus Sicht des Geschäftsprozessmanagements in sozialwirtschaftlichen Organisationen beschrieben. Diese Kapitel nimmt die umgekehrte Perspektive ein und beschreibt, welche Merkmale eine prozessunterstützte Software in der Sozialwirtschaft aufweisen sollte, um Abläufe wirksam unterstützen zu können.

5.1 Entwicklung und Bedeutung

In der Sozialwirtschaft – wie auch in anderen Branchen – hat der Softwareeinsatz seinen Ursprung in den Verwaltungsetagen. Finanzbuchhaltung und Personalabrechnung waren die primären Anwendungsgebiete. Hier mussten die Programme vor allem Stammdaten verwalten und Geldbeträge nach vorgegebenen Regeln buchen oder abrechnen. Diese Verwaltungssoftware war nicht mit anderen betrieblichen Bereichen vernetzt, sie wurde zentral in der Verwaltung betrieben und genutzt. Informationen wurden als Papierbelege in die Verwaltung geben, Ergebnisse kamen ebenso in Papierform zurück.

Mit der Ausweitung der IT-Anwendungen in weitere betriebliche Bereiche entstanden schwierig zu integrierende Programmwelten. In der gewerblichen Wirtschaft war die Antwort auf den Integrationsbedarf das umfassende **ERP-System** (Enterprise Ressource Planning System). Diese Programme wurden zunächst in klassisch funktionaler Manier entwickelt, später kam eine steigende Prozessunterstützung hinzu. Als weltweit führender ERP-Anbieter hat sich dieses Thema vor allem die Firma SAP auf die Fahnen geschrieben und auch Referenzprozesse für verschiedene Funktionsbereiche und Branchen entwickelt. Im Produktmarketing dieser Anbieter spielt seit Jahren die Prozessunterstützung eine tragende Rolle, den Anwendern werden damit Kostensenkung, Prozessbeschleunigung und damit entscheidende Wettbewerbsvorteile versprochen.

In der Sozialwirtschaft konnten sich umfassende ERP-Systeme dieser Art bis heute nicht flächendeckend durchsetzen, das Software-Portfolio der meisten Einrichtungen ist eher durch getrennte Systeme für Fachanwendungen (Klientenverwaltung, Leistungsabrechnung und Planung/Dokumentation von Hilfen), Rechnungswesen und Personalwirtschaft geprägt. Vielfach sind für verschiedene Hilfearten auch unterschiedliche Fachanwendungssysteme im Einsatz, in manchen Fällen werden selbst getrennte Programme für Dokumentation und Abrechnung klientenbezogener Leistungen genutzt.

5 Prozessunterstützung mit IT

Software-Portfolio eines Komplexträgers der Sozialwirtschaft (Beispiel)

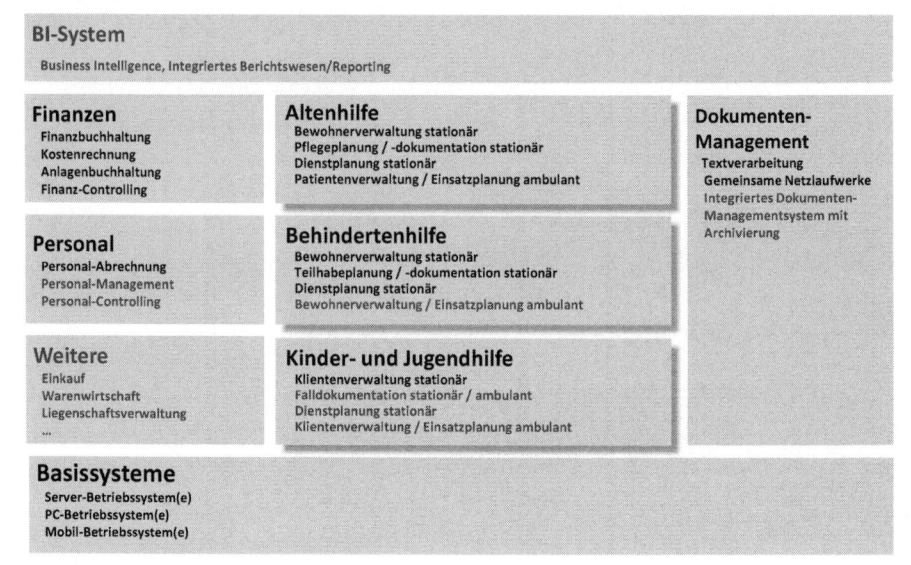

BI-System
Business Intelligence, Integriertes Berichtswesen/Reporting

Finanzen
Finanzbuchhaltung
Kostenrechnung
Anlagenbuchhaltung
Finanz-Controlling

Altenhilfe
Bewohnerverwaltung stationär
Pflegeplanung / -dokumentation stationär
Dienstplanung stationär
Patientenverwaltung / Einsatzplanung ambulant

Dokumenten-Management
Textverarbeitung
Gemeinsame Netzlaufwerke
Integriertes Dokumenten-Managementsystem mit Archivierung

Personal
Personal-Abrechnung
Personal-Management
Personal-Controlling

Behindertenhilfe
Bewohnerverwaltung stationär
Teilhabeplanung / -dokumentation stationär
Dienstplanung stationär
Bewohnerverwaltung / Einsatzplanung ambulant

Weitere
Einkauf
Warenwirtschaft
Liegenschaftsverwaltung
...

Kinder- und Jugendhilfe
Klientenverwaltung stationär
Falldokumentation stationär / ambulant
Dienstplanung stationär
Klientenverwaltung / Einsatzplanung ambulant

Basissysteme
Server-Betriebssystem(e)
PC-Betriebssystem(e)
Mobil-Betriebssystem(e)

Schwarz: Häufig vorhanden   Grau: Häufig noch nicht vorhanden

Abbildung 39: Beispielhaftes Software-Portfolio eines Komplexträgers der Sozialwirtschaft

Auch wenn es teilweise gut funktionierende Schnittstellen gibt, wird die durchgängige Abbildung von Prozessen in IT-Systemen um so schwieriger, je stärker fragmentiert die Software-Landschaft einer Organisation ist. Die Konsolidierung des Anwendungsportfolios ist daher, neben anderen Zielen wie die Verringerung des Wartungsaufwandes oder die Einheitlichkeit von Benutzeroberflächen, auch ein Ziel, das aus GPM-Sicht unterstützt wird.

Die eigene Tradition im Qualitätsmanagement (s. Abschnitt 2.4) und das noch gering ausgeprägte Prozessbewusstsein (s. Abschnitt 2.2) führt in der Sozialwirtschaft dazu, dass die Forderungen zur Prozessunterstützung in der Software an die Standardsoftwareanbieter erst in jüngster Zeit aktiv formuliert wurden und nun auch entscheidungsrelevante Faktoren darstellen. Entsprechend haben sich weite Teile der Branchensoftware-Landschaft noch nicht dezidiert auf Prozessunterstützung eingestellt.

Wenn in der Sozialwirtschaft früher überhaupt Prozesse mit Hilfe von IT optimiert wurden, so lagen die Prioritäten häufig bei den kaufmännischen Prozessen: „Leistungsabrechnung, Finanzbuchhaltung und Personalabrechnung müssen laufen, der Rest ergibt sich." Diese eher verwaltungsorientierte Sicht ist das Erfolgsmodell der zweiten Hälfte des vergangenen Jahrhunderts, wird aber den aktuellen Anforderungen in der Sozialwirtschaft nicht mehr gerecht.

Viele Träger realisieren daher eine Neuorientierung ihrer IT-Strategie: Zunehmend werden die wertschöpfenden Prozesse im Kerngeschäft der Sozialwirtschaft – also der Betreuung, Beratung und Pflege – mit einer effizienten IT-Unterstützung optimiert und weiterentwickelt, um den steigenden Anforderungen der Kunden und Kostenträger gerecht werden zu können.

In diesem Zusammenhang ist auch die Entwicklung der auf ERP-Systemen wie SAP oder Microsoft Dynamics NAV basierten Plattformansätze zu verstehen: Ihr Versuch, fachliche IT-Anwendungssysteme wie etwa Pflegedokumentation und Dienstplanung auf Basis kaufmännisch geprägter Standardsoftware zu entwickeln, konnte sich in der Branche nicht flächendeckend durchsetzen. Denn die Software-Auswahl wird zunehmend über eine möglichst optimale Unterstützung der wertschöpfenden Prozesse im Kerngeschäft entschieden, nicht in der vermeintlich schnittstellenfreien Integration zu den Verwaltungssystemen. Hier haben jedoch meist diejenigen Anbieter die Nase vorne, die ihre Fachprogramme von Grund auf selbst entwickeln und nicht auf technische Restriktionen und kostenintensive Lizenzmodelle der Plattformanbieter Rücksicht nehmen müssen.

5.2 Merkmale prozessunterstützender Software

5.2.1 Customizing-Fähigkeit

Um Prozesse zumindest ansatzweise unterstützen zu können, ist eine hohe Flexibilität und Anpassbarkeit der Programme hilfreich. In der IT-Fachsprache wird diese Anpassung ohne Eingriff in die Programmierung zumeist Customizing, manchmal auch Parametrisierung oder Tayloring genannt. Damit

- kann die Navigation zur Ansteuerung von Bildschirmmasken (Menüs, Reiter, Baumstruktur) an die Schrittfolge der Prozesse angepasst werden
- können Bildschirmmasken oder Maskeninhalte je nach Rolle des Bearbeiters ein- und ausgeblendet werden
- können Inhalte auf Bildschirm-Masken so platziert werden, dass sie der prozesshaften Abarbeitung entsprechen
- können Maskenfolgen passend zur Prozessreihenfolge angeordnet werden,
- ist es möglich, Pflichtfelder zu definieren, ohne die eine weitere Bearbeitung keinen Sinn macht oder zu Folgefehlern führen würde
- können mitunter auch Plausibilitätsprüfungen für Dateneingaben hinterlegt werden, die manuelle Prüfschleifen im Prozess überflüssig machen oder minimieren.

Die meisten dieser Customizing-Fähigkeiten wurden von den Anbietern jedoch nicht primär zur Prozessunterstützung entwickelt. Sie dienen vor allem dazu, die unterschiedlichen Kundenanforderungen in den Programmen möglichst flexibel abbilden zu können, ohne kundenspezifische Programmanpassung auf Ebene der Quellcodes durchführen zu müssen.

5.2.2 Trigger

Trigger als technischer Begriff bezeichnet, dass ein Ereignis eine Aktion auslöst. Auf Ebene der IT-Anwendungssysteme werden konfigurierbare Benachrichtigungen und Aktionen bei der Neuanlage eines Datensatzes (Klient, Leistung, Version Hilfeplan) oder bei einem Ablauf von Fristen (Evaluationsbedarf, erwarteter Eingang eines Bescheids etc.) als Trigger bezeichnet.

Die von einem Trigger ausgelösten Benachrichtigungen und Aktionen können unterschiedlich ausgeprägt sein:

- Popup-Fenster mit einer Information: genutzt bei wichtigen Ereignissen, die gewöhnlich eine zeitnahe Reaktion erfordern.
- Info-Eintrag in einem Verlaufsprotokoll, das beispielsweise im Rahmen einer Schichtübergabe genutzt werden kann.
- Benachrichtigung per E-Mail einschließlich einem Link zu Detailinformationen, die in der Anwendung abgerufen werden können. Diese Form eignet sich insbesondere für gelegentliche Nutzer einer Software, bei denen nicht davon ausgegangen werden kann, dass sie innerhalb des Anwendungssystem zeitnah genug erreichbar sind.

Diese „aktive" Art der Trigger sollte auf angemessene Art genutzt werden, also nur für Ereignisse die gewöhnlich einer zeitnahen Reaktion bedürfen. Ansonsten treten schnell Ermüdungserscheinungen ein – die Nachrichten werden als lästig empfunden und ohne Aufmerksamkeit zu erregen weggeklickt.

Die klassischen Darstellungsformen von Benachrichtigungen innerhalb von Fachsystemen sind:

- der Listenabruf, z.B. Liste der Evaluationsbedarfe in der kommenden Woche
- im Startbildschirm einer Anwendung nutzerspezifisch konfigurierbare Anzeige-Elemente (Dashboards, Kacheln) wie „Anstehende Evaluationen", „Heutige Geburtstage" usw.

5.2.3 Der Prozess als Objekt

Ein zentrales Merkmal prozessunterstützender Software ist, dass Prozesse als eigenständige **Objekte** im Programm umgesetzt werden. In funktionaler Sicht führt eine Neuaufnahme zu einem mehr oder minder vollständigen „Klienten-Datensatz". In prozessunterstützender Sicht ist der neue „Klienten-Datensatz" mit einem „Aufnahme-Datensatz" als Objekt für den Aufnahmeprozess verknüpft. Dieser „Aufnahme-Datensatz" trägt ein Beginn- und Endedatum, verfügt über Statusinformationen („abrechnungsfähig"), hat eine Bearbeitungshistorie sowie auswertungsbereite Prozesskennzahlen (z.B. „Aufnahmelaufzeit").

5.2 Merkmale prozessunterstützender Software

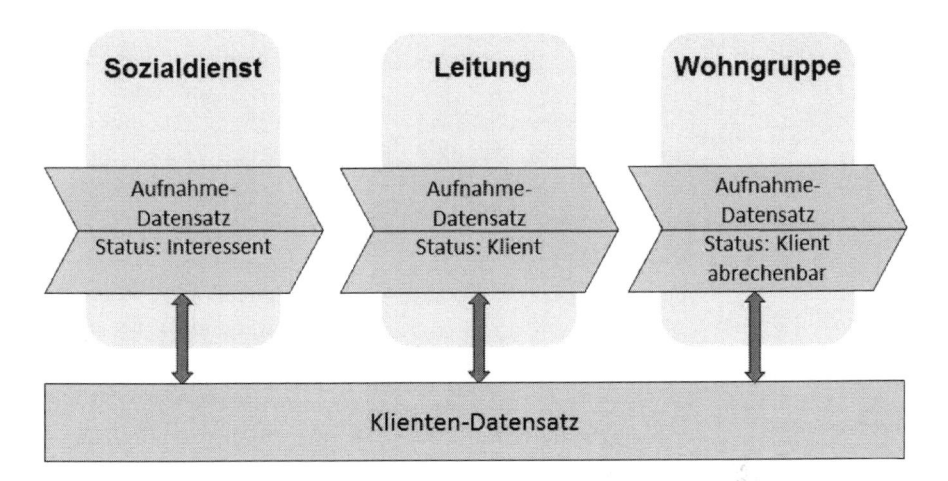

```
  Sozialdienst              Leitung               Wohngruppe

  ┌─────────────┐       ┌─────────────┐       ┌─────────────┐
  │ Aufnahme-   │       │ Aufnahme-   │       │ Aufnahme-   │
  │ Datensatz   │       │ Datensatz   │       │ Datensatz   │
  │ Status:     │       │ Status:     │       │ Status:     │
  │ Interessent │       │ Klient      │       │ Klient      │
  └─────────────┘       └─────────────┘       │ abrechenbar │
         ↕                     ↕              └─────────────┘
                                                     ↕
  ┌─────────────────────────────────────────────────────────┐
  │                  Klienten-Datensatz                     │
  └─────────────────────────────────────────────────────────┘
```

Abbildung 40: Beispiel-Darstellung des Prozesses als Objekt in Verbindung mit dem klassischen Klienten-Datensatz

An solchen Prozessobjekten kann über die Datenpflege in den jeweiligen Klienten- und Leistungsdaten der Prozessstatus geändert werden. Das Prozessobjekt wird entsprechend der Bearbeitungsfolge in den „Eingangskorb" des nächsten Mitarbeiters weitergeleitet. Auf diese Weise können Bearbeitungsfolgen und Genehmigungsprozesse in einer Fachsoftware abgebildet und unterstützt werden.

Diese Bearbeitungsfunktionalitäten an den Prozessen müssen in jedem Fall unternehmensspezifisch angepasst und eingerichtet werden. Hierfür stellen entsprechend ausgerüstete Programme Administrationswerkzeuge zur Verfügung, mit denen die Prozesssteuerung weitgehend ohne Programmierung, also per Customizing, umgesetzt werden kann. Die Softwareanbieter nennen diese Administrationswerkzeuge häufig Workflow-Engines, Prozessmanager etc.

5.2.4 Konkrete Funktionstypen

Soll die Ausprägung der Prozessorientierung einer Software im Rahmen eines Auswahlprozesses geprüft werden, so müssen im Lastenheft entsprechende Funktionen eindeutig und prüffest benannt werden (zur Anforderungsdefinition s. ausführlich Kreidenweis 2011 S. 175ff).

Die nachfolgend genannten Funktionen können als Indikator dafür gelten, in wie weit ein Programm prozessorientiert arbeitet. In der Praxis ist es jedoch nicht die einzelne Funktion, sondern ihre kluge Implementation und Kombination, die den Reifegrad der Prozessorientierung einer Software bestimmt. Voraussetzung dafür ist in der Regel eine integrierte Programmarchitektur, bei der die Software von einem Hersteller kommt. Wird das Programm-Portfolio von einem Hersteller angeboten, so sollten die einzelnen Module nicht aus historisch unterschiedlichen Software-Generationen mit anderen Programmiertechniken und verschiedenen Benutzeroberflächen stammen.

5 Prozessunterstützung mit IT

Funktionsgruppe	Funktion	Beispiel
Verfolgung des Prozessstatus	Können die Prozesse in der Software inklusive Startdatum, wesentlicher Zwischenschritte und Abschlussdatum verfolgt werden?	Es ist für die Einrichtungsleitung sichtbar, ob der Sozialdienst die Neuaufnahme eines Klienten bereits an die Wohnbereichsleitung weitergeleitet hat.
	Können dem Prozess fortschrittsbezogene Prozessstati zugeordnet werden?	Der Status einer Person ändert sich von Interessent zu Klient und schließlich zu abrechenbarem Klient.
	Kann der Prozessfortschritt über die Prozessstati grafisch visualisiert werden?	In einem vereinfachten Flowchart ist farblich markiert, dass für den jeweiligen Klienten gerade der Bearbeitungsschritt „Diagnostisches Eingangsverfahren" aktuell in Bearbeitung ist.
	Können fallübergreifend Prozessmengengerüste und -kennzahlen ausgewertet und zur Prozesssteuerung genutzt werden?	Durchschnittliche Dauer zwischen Erstkontakt und qualifizierter Auskunft an Interessenten, ob eine Betreuung möglich ist.
Steuerung der Prozessschritte	Können die Bearbeitungsschritte dem Prozess zugeordnet werden?	Der Programmadministrator oder definierte Mitarbeiter kann den Eingabebereich für Leistungsträgerdaten hinter der Dokumentationsseite für das Aufnahmegespräch in den Programmablauf einbauen und die Eingabeberechtigung dem dezentralen Verwaltungsdienst zuordnen.
	Können Entscheidungsstrukturen mit alternativem Ablauf abgebildet werden?	Das Programm kann so eingestellt werden, dass wenn der Klient unter 18 Jahre alt ist, im Eingabeverlauf zusätzlich der Eingabebereich für die elterliche Sorge geöffnet wird. Ansonsten wird dieser Bereich übersprungen.

5.2 Merkmale prozessunterstützender Software

Funktionsgruppe	Funktion	Beispiel
	Können aus den Bearbeitungsschritten Bildschirmmasken aufgerufen und Programmfunktionen ausgelöst werden?	Aus der tabellarischen oder grafischen Ansicht der Prozessschritte kann direkt in die Stammdaten- oder Diagnostik-Maske des jeweiligen Klienten gesprungen werden, wenn die Berechtigungen dafür vorhanden sind.
	Kann der Prozessablauf so konfiguriert werden, dass Anwender Schritte überspringen können?	Das diagnostische Verfahren hat bereits im Vorfeld stattgefunden und der Schritt wird ausgelassen.
Übergaben im Prozess	Kann der Prozess an den nächsten Zuständigen übergeben werden?	Abschluss der Dokumentation des Erstgesprächs und Weiterleitung an den Fachdienst zur Kostenklärung.
	Funktioniert dies auch als Vertretungsregelung bei Abwesenheit des zuständigen Mitarbeiters?	Beim Mitarbeiter ist im Dienstplanmodul der Software „Urlaub" eingetragen. Das mit der Klientenverwaltung verknüpfte Dokumentationsmodul leitet die Anfrage automatisch an den dort eingetragenen Vertreter weiter und informiert den Absender über diese Aktion.
	Erscheint der Prozess im Bearbeitungs-Eingangskorb der betreffenden Person?	Die Leitung der ambulanten Hilfen bzw. ihre Vertretung bekommt den Eintrag, dass der Entwicklungsbericht eines Klienten zur Prüfung ansteht.
	Dies gilt auch für Genehmigungsprozesse?	Der Mitarbeiter in den ambulanten Hilfen beantragt seinen Sommerurlaub, dies erscheint im gleichen Eingangskorb der Leitung wie der Entwicklungsbericht.

5 Prozessunterstützung mit IT

Funktionsgruppe	Funktion	Beispiel
Übergaben an externe Partner	Kann aus dem Prozess eine Mail an einen externen Partner mit den notwendigen Anlagen erzeugt und verschickt werden?	Die Unterlagen zur Beantragung einer Neueinstufung werden dem Leistungsträger in verschlüsselten Dateianhängen „per Klick" übermittelt.
	Wird dieser Versand dokumentiert und kann ein Termin zur erwarteten Rückmeldung eingetragen werden (Wiedervorlage Rückmeldung)?	Eine nach Leistungsträgern und Klienten filterbare Postausgangsliste ist einsehbar, 14 Tage nach Versand wird der betreffende Mitarbeiter erinnert, beim Leistungsträger nachzufragen.

Abbildung 41: Prozessunterstützende Funktionen von Branchen- und Standardsoftware

Funktionen wie diese setzen eine klare Vorstellung von den Soll-Prozessen und eine hohe Verbindlichkeit in der Prozesskultur einer sozialen Organisation voraus. Sie können aber auch dabei unterstützen, eine solche Kultur im Unternehmen zu festigen. In jedem Falle tragen sie dazu bei, die Prozessqualität zu sichern, Durchlaufzeiten zu verkürzen und Arbeitszeit zu sparen.

Praxistipp

Eine gute Möglichkeit, um die Prozessabbildung von Software zu testen sind Use Cases. Dies sind praktische Anwendungsfälle aus der eigenen Einrichtung, die ausgewählten Anbietern einer Software vor einem Präsentationstermin mit der Bitte zugesandt werden, ihre Abarbeitung in der Präsentation möglichst genau zu zeigen. So kann beurteilt werden, ob der Prozess glatt durchlaufen wird oder ob dazu zahlreiche manuelle Maskenaufrufe und Klicks notwendig sind.

Gute Beispiele für Use-Cases sind in der Regel Aufnahme- oder Überleitungsprozesse oder ein besonderes Ereignis im Betreuungsgeschehen wie eine Krankenhauseinweisung, das eine Prozesskette zwischen Fachkräften, Leitungskräften und Verwaltungsmitarbeitern auslöst.

5.3 Prozessorientierung in den wesentlichen Softwaregattungen
5.3.1 Fachliche IT-Anwendungssysteme

„EDV-Unterstützung aller Kernprozesse"

„Mit der Software XY haben Sie alle Ihre administrativen und abrechnungsbezogenen Prozesse rund um Ihre Kunden, Klienten und Bewohner im Griff."

„Alle Prozesse der Leistungsabrechnung, Planung und Dokumentation, Warenwirtschaft, Produktion, Dienstleistung, Personalabrechnung, Personalmanagement sowie Rechnungswesen mit einem System abbilden, analysieren und bewerten."

Diese Werbeaussagen bekannter Anbieter von Branchensoftware für die Sozialwirtschaft zeigen, dass Prozessunterstützung in der Branche bereits zu einem wichtigen Verkaufsargument geworden ist.

In der Realität ist die **Prozessreife** dieser Fachsysteme für Klientenverwaltung, Leistungsabrechnung sowie Planung und Dokumentation von Hilfen jedoch noch sehr unterschiedlich ausgeprägt. Die Grundlogik der Mehrzahl der aktuell angebotenen Programme ist klassisch funktionsorientiert, die Anwendungssteuerung läuft zumeist über Auswahlmenüs, Reiter oder ähnliche Navigationsformen. Einige Anbieter haben ihre Programme durch neue Eingangsbildschirme oder einzelne Masken ergänzt, die eine Prozesslogik suggerieren. Andere befinden sich jedoch bereits auf dem Weg zu einer praxisgerechten Prozessunterstützung, die den oben genannten Anforderungen gerecht wird.

Es wäre jedoch zu kurz gegriffen, allein die Software-Anbieter für die häufig noch gering ausgeprägte Prozessorientierung verantwortlich zu machen. Lange Zeit wurde auch von den Kunden dieser Firmen kein entsprechender Bedarf artikuliert. Da sich dies nun zu wandeln beginnt, ist auch mit einem verstärkten Ausbau solcher Funktionen zu rechnen. Der softwareseitige Paradigmenwechsel wird seine Zeit benötigen, da eine prozessorientierte Neugestaltung bei einigen Standardsoftwareprodukten ein grundlegende Neudesign von Softwarearchitektur und die Konsolidierung der eingesetzten Entwicklungswerkzeuge auslösen wird. Denn die Entwicklung und Implementation anwenderseitig konfigurierbarer Prozessfunktionen ist anspruchsvoll und die Produktentwicklungszyklen im sozialwirtschaftlichen Sektor sind vergleichsweise lang. Entsprechend ist in der Branche nicht binnen kurzer Zeitspannen mit einem Paradigmenwechsel von der Funktions- zur Prozessorientierung zu rechnen.

5.3.2 Verwaltungssysteme

Die in sozialen Organisationen genutzten Programme für das Rechnungswesen und für die Personalwirtschaft sind teils branchenspezifische Lösungen, zunehmend werden aber auch branchenneutral angebotene Lösungen eingesetzt. Da der Trend zur Prozessorientierung in vielen Wirtschaftsbranchen deutlich früher als in der Sozialwirtschaft eingesetzt hat, sind entsprechende Funktionen in branchenneutralen Lösungen teilweise bereits umgesetzt. Die Einsatzhürde in der Sozialwirtschaft sind die oft hohen Implementierungskosten zur Anpassung an die unternehmensspezifische Prozessgestaltung – die Customizing-Aufwände können die Lizenzkosten um ein Mehrfaches übersteigen.

Im Bereich der **Personalwirtschaft** finden sich zahlreiche Prozesse, die mit entsprechenden Prozessfunktionen unterstützbar sind. Hier kann nochmals zwischen Personalverwaltung und Personalmanagement unterschieden werden.

Gut IT-unterstützbare Prozesse der Personalverwaltung sind
- Einstellung
- Vertragsänderung
- Austritt
- Erfassung und Abrechnung von Zeitzuschlägen
- Krankmeldung
- Urlaubsantrag
- Reisekostenabrechnung

Zu den Personalmanagement-Prozessen gehören
- Genehmigung und Ausschreibung von Stellen
- Bewerbungsverfahren
- Fortbildungsbeantragung und -abwicklung
- Zeugniserstellung

Manche Personalprozesse können durch Mitarbeiter-Selfservices auch komplett neu gestaltet werden, so dass zahlreiche bisherige Arbeitsschritte entfallen. Dazu gehören etwa standardisierte Beauskunftung oder der Abruf der Gehaltsabrechnung über ein Portal.

Im **Rechnungswesen** steht vielfach die Automatisierung des Rechnungseingangsprozesses im Vordergrund. Dabei werden alle eingehenden Papier-Rechnungen zentral oder dezentral eingescannt, mit Texterkennungssoftware (OCR) automatisch ausgelesen und kontiert bzw. gebucht. Dabei findet auch ein Abgleich mit den Kreditoren-Stammdaten statt.

Für die zwischenbetriebliche Integration hat das Forum elektronische Rechnung Deutschland (FeRD) unter dem Namen ZUGFeRD ein einheitliches Rechnungsdatenformat für den elektronischen Rechnungsaustausch entwickelt. Die Verbreitung solcher elektronischer Formate wird die Gestaltung durchgängig elektronischer Prozesse des Rechnungsein- und ausgangs deutlich unterstützen. Nähere Informationen zum genannten Standard finden sich unter www.ferd-net.de oder beim IT-Branchenverband Bitkom unter www.bitkom.org.

5.3.3 Dokumentenmanagementsysteme

Zur technischen Abbildung des oben beschriebenen Rechnungseingangsprozesses, aber auch von manchen Personalprozessen, werden Dokumentenmanagementsysteme (DMS) mit der entsprechenden kaufmännischen Software kombiniert.

5.3 Prozessorientierung in den wesentlichen Softwaregattungen

DMS-Systeme, im internationalen Sprachgebrauch meist ECMS (Enterprise Content Management Systeme) genannt, legen Dokumente in Datenbanken ab und verfügen über verschiedene Sortier- und Suchroutinen. Neben eingescannten Papierdokumenten und Faxen werden auch viele Arten elektronischer Dokumente wie Textdateien, Kalkulationsblätter, PDFs, E-Mails oder Bild- und Videodateien unterstützt. Von ursprünglich reinen Ablagesystemen haben sich diese Programme zu prozessunterstützenden Systemen weiterentwickelt, in denen etwa Freigabeprozesse für Vertragsunterlagen, Pressemeldungen und vieles mehr abgebildet werden können.

In sozialwirtschaftlichen Organisationen war DMS lange Zeit eher ein Randthema. Einige der großen Branchensoftware-Anbieter brachten funktional begrenzte Eigenlösungen mit, die vielen Einrichtungen genügten, um Rechnungen oder Klienten-Korrespondenz geordnet abzulegen. Prozessfunktionen waren bzw. sind darin kaum enthalten.

Mittlerweile arbeitet bereits rund ein Drittel der größeren Sozial-Organisationen mit DMS-Systemen und 17% planen eine Einführung. Branchenübergreifende Systeme werden dabei deutlich häufiger eingesetzt wie Eigenlösungen der Sozialsoftware-Anbieter. Fast zwei Drittel der anwendenden Organisationen nutzen dabei bereits die Prozessfunktionalität dieser Systeme (vgl. Meier 2006, S. 33).

Zu den Hauptanwendungsgebieten gehören neben dem Rechnungseingang das Vertragsmanagement, die Personalverwaltung sowie die Ablage klientenbezogener Dokumente. Auch Sitzungsprotokolle, Dienstanweisungen und Qualitätshandbücher werden teilweise damit verwaltet.

Aus Sicht des Geschäftsprozessmanagements sind DMS-Systeme mit Ausnahme des Rechnungseingangs kein zentrales Thema, denn klienten- oder personalbezogene Prozesse sollten möglichst komplett in den entsprechenden Fachsystemen abgebildet sein, in denen auch die Stamm- und Bewegungsdaten gespeichert sind. DMS-Systeme werden hierbei lediglich aus den Fachsystemen angesprochen, um ein Dokument abzulegen oder aufzurufen. Der Anwender bemerkt dabei meist gar nicht, ob oder welches DMS dahinter liegt. Für Prozesse im Vertragsmanagement oder zur Freigabe und Ablage von Qualitätshandbüchern, Protokollen etc. können solche Systeme hilfreich sein, jedoch sind durch eine Optimierung klienten- oder mitarbeiterbezogener Prozesse deutlich größere Effizienzeffekte zu erwarten.

5.3.4 Workflowmanagementsysteme

Workflowmanagementsysteme sind speziell dafür geschaffen, Prozesse in Unternehmen abzubilden, daher werden sie auch Computer Supported Cooperative Work Systeme genannt. Ihre primäre Stärke liegt darin, dass sie Prozesse über verschiedene Fachanwendungssysteme hinweg abbilden können und die im Prozess benötigten Daten aus deren Datenbanken holen, bearbeiten und wieder dort ablegen können (vgl. Gadatsch 2012, S. 209 ff). Auch große ERP-Systeme wie SAP enthalten eigene Workflow-Komponenten, die teilweise in der Lage sind, auch externe Programme einzubinden.

In Anlehnung an Wikipedia (wikipedia.de, Abruf 28.07.2015) können die Funktionen solcher Systeme folgendermaßen klassifiziert werden:

Prozess-Funktion	Beschreibung	Beispiel
Routingsystem (Verkehrspolizist)	■ Lenkung des Informations- oder Dokumentenflusses ■ Leitet von einer Arbeitsposition an die nächste weiter	■ Erstkontakt von Wohngruppe an Leitung
Distributionssystem (Steuermann)	■ Erweiterung des Routingsystems, die Ausnahmesituationen erkennt und entsprechende Informationen an dafür vorgesehene Arbeitspositionen weiterleiten kann oder dynamische Zuordnungen, z.B. nach Auslastungssituation an den Arbeitspositionen ermöglicht	■ Fallzähler in der Verwaltungs- oder Beratungsarbeit mit Weiterleitung bei Überschreitung einer bestimmten Fallquote
Agentensystem (Hilfsarbeiter)	■ Erledigt Zuarbeiten automatisch und entlastet die ausführende Instanz von Tätigkeiten ohne Entscheidungsbedarf	■ Ergebnisse skalenbasierter Risikoeinschätzungen als Text in die Dokumentation übernehmen
Expertensystem (Berater)	■ Liefert dem Bearbeiter auf Basis bereits gespeicherter Informationen Vorschläge zum weiteren Vorgehen im Prozess	■ Anzeige planbarerer Leistungen auf Basis der Kostenzusage

Abbildung 42: Prozessunterstützende Funktionen von Workflowmanagement-Systemen

Prozesse, die in Software abgebildet sind, kombinieren dabei in der Regel mehrere dieser Funktionen und stellen so eine Anwendungsumgebung bereit, die dem Arbeitsfluss entspricht.

Mit Blick auf die oft bunte Software-Landschaft sozialer Organisationen und die mangelnde Prozessunterstützung vieler Fachsysteme scheinen diese Programme also geradezu prädestiniert für die Branche zu sein. Doch das ist nur in der Theorie der Fall. Ihre Nutzung setzt einen hohen Standardisierungsgrad der Prozesse voraus und ist sehr aufwändig und kostenintensiv. Hinzu kommt, dass längst nicht alle sozialwirtschaftlichen Fachsysteme auf ein Andocken solcher Programme vorbereitet sind, was die Kosten nochmals steigert.

Funktionale Defizite von Fachanwendungen können deshalb nicht mit vertretbarer Kosten-Nutzen-Relation über Workflowmanagementsysteme kompensiert werden.

Den Autoren sind daher auch keine sozialwirtschaftlichen Unternehmen bekannt, die solche Systeme nutzen.

Literatur zum Kapitel

Gadatsch, Andreas: Grundkurs Geschäftsprozess-Management. Wiesbaden 2012.
Kreidenweis, Helmut: IT-Handbuch für die Sozialwirtschaft. Baden-Baden 2011.
Meier, Andreas: Informationsmanagement für NPO´s, NGO´s et al. Berlin, Heidelberg 2006.

6 Ausblick

Führt man sich etwa die lange Phase der Einführung von Qualitätsmanagement-Systemen in der Sozialwirtschaft vor Augen, so ist zu vermuten, dass die Einrichtungen und Dienste mit den in diesem Buch erstmals branchenbezogen umfassend beschriebenen Zielen und Methoden des Geschäftsprozessmanagements viele Jahre beschäftigt sein werden. Der Blick in andere Branchen lehrt jedoch, dass das Thema Geschäftsprozesse mit der internen Prozessoptimierung noch längst nicht ad acta gelegt werden kann.

In der Industrie kam nach der internen Prozessoptimierung die Phase der Integration überbetrieblicher Prozesse auf die Agenda. Dies ist – mit einiger zeitlicher Verzögerung – auch für die Sozialwirtschaft zu erwarten. Insbesondere die Austauschprozesse zwischen Leistungserbringern und Leistungsträgern sind stark optimierungsfähig. Hierzu sind jedoch überregionale Regelungen erforderlich und die gesetzgebenden Instanzen sind gefragt, Möglichkeiten der effizienten Prozessgestaltung und IT-Unterstützung bei der Reform der Sozialgesetzgebung mitzudenken. Hier ist noch viel Entwicklungsarbeit zu leisten, denn oft haben weder die Vertreter der Verbände von Leistungsträgern und Leistungsempfängern, noch die zuständigen Bundes- und Landesministerien diese Aspekte im Blick. Ein positives wie gleichzeitig negatives Beispiel dafür ist der im SGB V und XI schon Mitte der 90er Jahre gesetzlich fixierte Datenträgeraustausch (DTA) zwischen Leitungserbringern und Leistungsträgern, der jedoch in der Umsetzung fast 20 Jahre dauerte und bis heute auf einer Technologie basiert, die schon bei ihrer Einführung veraltet war und nur einen vergleichsweise kleinen Ausschnitt des gesamten Prozesses der Refinanzierung der betreffenden Sozialleistungen umfasst.

Eine weitere künftige Herausforderung stellt der digitale Wandel dar, der gesellschaftlich unter dem Stichwort Digitalisierung und in der gewerblichen Wirtschaft unter dem Stichwort Industrie 4.0 diskutiert wird. Hier zeigen Beispiele sogenannter disruptiver Technologien wie etwa in der Personenbeförderung durch mytaxi und Uber, dass durch die Möglichkeiten der IT ganze Geschäftsmodelle und die zugehörigen Geschäftsprozesse in Frage gestellt und neu gedacht werden können oder müssen.

Auch die Sozialwirtschaft als Anbieter personenbezogener Dienstleistungen wird vor solchen Entwicklungen auf Dauer nicht gefeit sein (vgl. Rock 2015, Eisenreich 2016). Mit der wachsenden Digitalisierung zahlreicher Lebensbezüge werden auch die Klienten, deren Angehörige oder professionelle Zuweiser andere Ansprüche stellen (vgl. etwa Kreidenweis / Halfar 2012).

Doch bieten sich mit der Digitalisierung auch für die sozialen Organisationen Chancen, die Mitwirkung von Klienten an Prozessen der Planung und Durchführung von Hilfen unter Einbezug geeigneter Informationstechnologien aktiv neu zu gestalten.

Ebenso wird der zunehmende Fachkräftemangel die Entwicklung hybrider Dienstleistungen, die aus menschlichen und technischen Komponenten bestehen, stark beschleunigen. Wie das Thema Ambient Assisted Living (AAL) zeigt, geht es dabei um weit mehr als die Bereitstellung technischer Geräte oder Funktionen. Erfolgsprägend ist vielmehr die aktive Gestaltung der Interaktionsprozesse zwischen den – häufig mehre-

6 Ausblick

ren – beteiligten Dienstleistern und den Kunden unter Einbezug geeigneter Technologien aus den Bereichen Sensorik – etwa zur Sturzerkennung – und Kommunikation (W-LAN, Smartphones, Tablets usw.).

Ähnlich wie es einem Besteller im Portal von Amazon egal sein kann, von welcher Partnerfirma ein Produkt ausgeliefert wird, weil Amazon den Logistikprozess im Hintergrund steuert, so werden auch die sozialen Organisationen die Komplexität auf Kundenseite reduzieren und intern bzw. in Partnerverbünden kundengerechte Services konfigurieren müssen.

All dies wird nur in durchweg prozessbewussten Organisationen möglich sein, die schon bei der Entwicklung solcher Geschäftsmodelle die zugrundeliegenden Prozesse und die damit verbundenen technischen und menschlichen Schnittstellen intensiv durchdenken. Hierbei können Methoden wie etwa Business Process Model and Notation (BPMN, vgl. Abschnitt 3.4.1) hilfreich sein, die wohl in einer Folgeauflage dieses Buches näher beschrieben werden und mit Praxisbeispielen hinterlegt werden müssten.

Als Fazit bleibt festzuhalten: Wer heute schon mit der aktiven Gestaltung von Geschäftsprozessen unter konsequentem Einbezug der Möglichkeiten von Informationstechnologie beginnt und das methodische, praktische und technische Wissen dazu in seinem Sozialunternehmen verankert, der stellt sich nicht nur fachlich und wirtschaftlich besser auf, sondern rüstet sich auch für neue, von der Digitalisierung durchdrungene Formen des Wirtschaftens und Helfens , wie sie in diesem letzten Abschnitt des Buches nur angedeutet werden konnten.

Literatur zum Kapitel
Eisenreich, Thomas: Digitale Geschäftsmodelle. Konzepte entwickeln, Prozesse planen. In: Sozialwirtschaft Nr. 1/2016, S. 16-18
Kreidenweis, Helmut / Halfar, Bernd: Die Roboter kommen. In: Sozialwirtschaft Nr. 2/2012, S. 7-11.
Rock, Joachim: Wirtschaft 4.0 – Digital ist nicht egal. In: Sozialwirtschaft Nr. 5/2015, S. 24-25.

Autoren

Peter Faiß

Dipl.-Betriebswirt (BA), Inhaber der Imendo Unternehmensberatung, Referent und Autor, Dozent im Masterstudiengang Sozialinformatik an der Katholischen Universität Eichstätt-Ingolstadt. Kontakt: faiss@imendo.de

Prof. Helmut Kreidenweis

Dipl. Soz.päd. (FH), Dipl.Päd. (Univ.), Professor für Sozialinformatik, Leiter der Arbeitsstelle Sozialinformatik und des Masterstudiengangs Sozialinformatik an der Katholischen Universität Eichstätt-Ingolstadt, Gründer und Vorstandsmitglied des Fachverbandes IT in Sozialwirtschaft und Sozialverwaltung FINSOZ e.V., Inhaber der IT-Beratung für soziale Dienste, KI-Consult, Augsburg. Kontakt: hk@ki-consult.de